DIANA

W0071972

Das Buch

Einfühlsam und mit Respekt vor der Einzigartigkeit jeder Liebe
hat Rosa Montero die Liebesbiographien von Frauen und Männern aufgeschrieben, die in vielerlei Hinsicht unsere Geschichte
beeinflußt haben: als Regentinnen, Könige und Künstler ebenso
wie als Liebende, deren Verbindung nicht ohne Einfluß auf die
Weltgeschichte blieben. So zum Beispiel bei Kleopatra und Antonius, Kaiserin Sissi und Franz Joseph, Rimbaud und Verlaine
oder den Tolstojs. Hinter 18 Doppelportraits verbergen sich Intrigen und Raserei, Totschlag und großes Unglück, aber auch viel
Schönheit und Mut, unendliche Zärtlichkeit und glühende Leidenschaft. Monteros historisches Panorama über große Lieben
berührt uns alle.

»Romantisch, tragisch, leidenschaftlich … Monteros Geschichten
gehen jedem ans Herz.«

La Vanguardia

Die Autorin

Rosa Montero, 1951 in Madrid geboren, studierte Publizistik,
Literatur und Psychologie. Ab 1969 schrieb sie zunächst als Ko-
lumnistin und Sonderkorrespondentin für verschiedene Medien,
bevor sie Ende 1976 bei der Tageszeitung »El Pais« Redakteurin
wurde, für die sie auch heute noch exklusiv arbeitet. Sie ist die
angesehenste Journalistin Spaniens und eine der meistgelesenen
Romanautorinnen. Für »Die Tochter des Kannibalen« erhielt sie
den Premio Primavera de Novela 1997.

Rosa Montero

Leidenschaften

Paare, die Geschichte schrieben

Aus dem Spanischen von
Andreas Löhrer

DIANA VERLAG
München Zürich

Diana Taschenbuch Nr. 62/0272

Titel der Originalausgabe
»Pasiones – Amores y desamores que han cambiado
la Historia«

Taschenbucherstausgabe 11/2002
Copyright © 1999 by Rosa Montero
Copyright © für die deutschsprachige Ausgabe:
Europa Verlag GmbH, Hamburg 2000
Der Diana Verlag ist ein Unternehmen der
Heyne Verlagsgruppe München
Printed in Germany 2002

Umschlagillustration: Photonica/SPC/Adrien Veninger
Umschlaggestaltung: Hauptmann und Kampa
Werbeagentur, CH-Zug
Satz: Schaber Satz- und Datentechnik, Wels
Druck und Bindung: Elsnerdruck, Berlin
Gedruckt auf chlor- und säurefreiem Papier

ISBN: 3-453-21090-5

http://www.heyne.de

Inhalt

EINLEITUNG

Die Liebe lieben

Die Rede von der Liebe ist eine Banalität, ein Gemein-
platz, einer der abgedroschensten Topoi auf der Erde.
Seit Beginn aller Zeiten haben Philosophen und Künstler die Angelegenheit mit obsessiver Beharrlichkeit behandelt, und vielleicht gab es nie ein menschliches Wesen, das ihr nicht eine gute Anzahl von Gedanken
widmete, sobald es in das entsprechende Alter gekommen war. Wir alle glauben, über die Liebe Bescheid zu
wissen, wir alle glauben, etwas von der Liebe zu verstehen. Und doch bleibt sie weiterhin ein Mysterium,
obskur, verwirrend und unergründlich.

Die Schwierigkeiten beginnen schon beim Versuch,
das Wort zu definieren. Wenn wir uns, wie ich in diesem
Text, auf die Liebe im eigentlichen Sinne beziehen, sprechen wir im allgemeinen nicht von der Liebe zu Kindern
und Freunden, sondern von der sentimentalen oder ero-
tischen Liebe zwischen zwei Menschen. Diese Lieben
sind leidenschaftlich, und von Leidenschaften handelt
dieses Buch. Es sind konkrete Leidenschaften, leuchtende oder schreckliche Geschichten von mehr oder weniger berühmten Persönlichkeiten, von Paaren aus dem

Altertum oder Zeitgenossen, die den Himmel und die Hölle gestreift haben.

Doch zu sagen, daß wir über die Leidenschaft sprechen, klärt nicht viel: Eigentlich haben wir nicht mehr getan, als das Chaos benannt. Was definiert die Leidenschaft, was ist das Besondere, ihr Wesen, an dem wir sie erkennen? Vielleicht ein Anteil ungezügelter Sexualität? Nein, denn es gibt auch platonische Leidenschaften, die galante Liebe der Troubadoure oder die Beatrice von Dante. Man könnte eher sagen, daß das Wesen der Leidenschaft die Entäußerung ist, die sie erzeugt; der Verliebte tritt aus sich heraus und verliert sich in dem anderen, oder besser gesagt, in dem, wie er sich den anderen vorstellt. Denn die Leidenschaft, und dies ist ihr zweites Merkmal, ist eine Illusion, die im Kontakt mit der Wirklichkeit beschädigt wird. Vielleicht scheint die Leidenschaft deshalb, und das ist die dritte Bedingung, immer ihr Scheitern, die Unmöglichkeit ihrer Vollendung zu fordern. Wie sagte der Schweizer Essayist Denis de Rougemont in *Die Liebe und das Abendland*: »Die glückliche Liebe hat keine Geschichte. Nur die bedrohte Liebe taugt für Romane.« Natürlich: Das Glück muß sich stets außerhalb des Buchs bewähren, wenn das Märchen zu Ende ist. Und Rougemont fügte hinzu, daß die Dichter die Liebe besingen, als ob es sich um das wirkliche Leben handelte, »aber dieses wirkliche Leben ist das unmögliche Leben«.

Platon behauptete, daß Eros, der Gott der Liebe, eine zweifache Natur besaß: als Sohn von Aphrodite Pandemos, der Göttin des sinnlichen Begehrens, oder von Aphrodite Urania, der Göttin der himmlischen Liebe. Diese Aphrodite war eine resolute Gottheit; sie besaß so unermeßliche Kräfte, daß sie, als sie wegen einer Lappalie mit Zeus aneinandergeraten war, sich an ihm zu rächen vermochte; sie zwang ihn, Nymphen und sterblichen Frauen nachzustellen und auf diese Weise seine Ehefrau Hera zu vernachlässigen. So waren also schon die Klassiker davon überzeugt, daß die entrückende Kraft der Liebe fähig ist, sogar den leibhaftigen König aller Götter lächerlich zu machen.

Die Liebe wird in allen Kulturen mit denselben Symbolen dargestellt: mit Bögen, Pfeilen, verbundenen Augen, Fackeln, mit denen die Herzen der Sterblichen entflammt werden. Amor ist für gewöhnlich nackt und ein Kind, denn die leidenschaftliche Liebe ist ein Gefühl, das sich nicht verbergen läßt, und bleibt sich selbst gleich. Die Leidenschaft lernt nie dazu: Sie ist immer identisch, ewig jung, unversehrt und unbesonnen. »Aber wie ist es möglich, daß ich schon wieder diese Dummheiten mache«, staunt und klagt unser Verstand, wenn wir stundenlang auf einen Telefonanruf warten, der uns nie erreicht. »Ich lerne einfach nicht dazu«, gesteht sich der verletzte Liebhaber. Und er hat recht, denn die Liebe bleibt für die Erfahrung unempfänglich.

Nach der orphischen Kosmogonie war am Anfang von allem nur Nacht. Diese unendliche Nacht legte ein Ei, und aus ihm schlüpfte die Liebe; und aus den beiden zerbrochenen Hälften der Schale wurden der Himmel und die Erde geschaffen. Folglich ist die Liebe das Zentrum des Universums, der Kern der Einheit, bevor das Ei zerbrach. Dies ist der Anfang der Wiedergeburt und des Lebens, eine kosmische Kraft, die alles in sich vereint. Doch freilich ist sie eine so gewaltige Macht, daß sie bei den elenden Sterblichen verheerende Wirkung haben kann. Wie zum Beispiel der Trojanische Krieg. Auch diesen Konflikt begann Aphrodite. Ich sagte bereits, daß sie eine Göttin war, vor der man sich in acht nehmen mußte. Aphrodite bewirkte, daß Paris, der Sohn des trojanischen Königs Priamos, und die schöne Helena, die Gattin von Menelaos, des Königs von Sparta, sich unsterblich ineinander verliebten. Nachdem Helena geraubt wurde, zog sich der Trojanische Krieg über zehn Jahre hin, bis der Sieger Menelaos die Stadt einnahm und seine Frau mit nackten Brüsten vorfand, so schön, daß er ihr sofort verzieh und wieder mit ihr sehr glücklich zusammenlebte. Zurück blieb ein zerstörtes Troja, ein mit dem Blut berühmter Leichen (Hektor, Achilles, Patrokles, Paris selbst ...) getränktes Schlachtfeld und ein episches Andenken, das später in den Gesängen der Ilias Form annahm. Und diese ganze Ungeheuerlichkeit infolge einer bloßen Gefühlswallung.

Die Wahrnehmung der Liebe als Auslöser von Katastrophen war in der klassischen Welt sehr verbreitet. Ein anderes mythisches Paar in der Geschichte der Leidenschaften war Kleopatra und Antonius. Dieser Römer war ein Mann, »prächtig als Jüngling«, wie es Plutarch in seinem faszinierenden *Griechische und römische Heldenleben* [lat.: Vitae parallelae, d. Ü.] sagte. Er war ein guter Krieger, aber ein Leichtfuß, den die Freuden des Fleisches und der Tafel begeisterten: Einem Koch schenkte er als Belohnung für ein schmackhaftes Abendessen ein Haus in Magnesia. In diesen sanftmütigen und eitlen Charakter, erklärt Plutarch, schlug Kleopatra ein wie ein tödlicher Blitz, das heißt, schuf eine Leidenschaft, die Antonius endgültig das bißchen Verstand raubte, mit dem er geboren wurde: »Kleopatra behandelte ihn wie ein Kind, ohne ihn weder am Tag noch in der Nacht in Ruhe zu lassen.« Antonius verstieß seine tugendhafte und intelligente Ehefrau und stellte sich

Octavian in einer Seeschlacht; er wurde schmählich besiegt, und Kleopatra und er endeten so, wie wir alle wissen, nämlich verhängnisvoll. Wieder ein Krieg, der vermutlich durch eine vergiftete Liebe ausgelöst wurde. Dieser Geschichte werden wir ein Kapitel des Buchs widmen.

Bei all dem war die klassische Liebe tragisch, insofern sie ein schlechtes Ende in sich barg, doch sie durchlebte wenigstens eine Zeit übermäßiger Erfüllung. Helena und Paris lebten ein Jahrzehnt lang ihre Leidenschaft aus, und dasselbe gilt für Antonius und Kleopatra. Doch im 12. und 13. Jahrhundert tauchte ein neues Muster der Leidenschaft auf, die höfische Liebe, die die Unmöglichkeit der Beziehung aufs Äußerste trieb. Was von der galanten Zeit an geliebt wurde, war die Schwierigkeit und das Leiden. Das heißt, nur die Liebe war echt, die scheiterte. Heute sind wir Erben dieses Paradoxes.

Die höfische Liebe wird durch die faszinierende Königin Eleonor von Aquitanien, Nichte des ersten bekannten Troubadours und Gattin von Ludwig VII., in der Welt durchgesetzt. Eleonor hatte zwei Töchter, die die Grafen von Troyes und von Blois heirateten, und die viel zum Siegeszug des höfischen Geistes beitrugen. Diese großartigen Frauen gründeten prächtige Höfe, an denen die Liebe und die schönen Damen besungen wurden. Die blutige und grausame Welt der Kreuzzüge und Schlachten wich einer Welt der Liebeskämpfe: Der gute Ritter diente nicht mehr in erster Linie Gott und dem König, sondern der Frau. Und ich schreibe *der* Frau, weil die Fräulein, damit sie einer solchen völligen Hingabe würdig waren, im Bereich des Idealen bleiben mußten. So kam es, daß die höfische Liebe per definitionem eine unmögliche Liebe war. In der Tat waren es mehrheitlich ehebrecherische Liebschaften: Es ist auffällig, wie sehr durch alle Kulturen und alle Epochen hindurch der Gedanke der Leidenschaft mit der des Ehebruchs einhergeht.

Im 12. Jahrhundert wurde der Ehebruch in jedem beliebigen Fall offen zu einem poetischen Motiv. Der Kaplan Andreas widmete Marie von Champagne, einer von Eleonors Töchtern, seine theoretische Arbeit *Tractatus de Amore*, in der die eheliche Liebe als der Freiheit beraubt kritisiert und die mutige und kühne ehebrecherische Leidenschaft gelobt wird. In Wirklichkeit, und wenn wir genau hinsehen, bedeutet das Vordringen der höfischen Liebe einen Fortschritt der Zivilisation. Nach und nach hörten die alten Krieger auf, ihre Gegner zu vierteilen und begannen das Maß ihrer Männlichkeit im »Kriegsspiel« zu finden, das heißt in den Turnieren, die schließlich die echten Schlachten ersetzten. Besagte Turniere waren Wettkämpfe, die innerhalb der Normen der galanten Liebe ausgetragen wurden, mit Damen, die ihren Rittern einen Liebespfand gaben und sich danach, in einem häufig wechselnden Austausch von Wäsche und Körpersäften, mit den blutigen Hemden der Sieger kleideten. Tatsächlich wurden die Turniere sogleich von der Kirche verboten, denn sie entwickelten sich zu einer Zelebration der Sinnlichkeit und der ehelichen Untreue; doch das Verbot erhöhte natürlich nur die Attraktivität dieser Feierlichkeiten.

Dieser mittelalterlichen Welt der galanten Turniere gehören zwei Legenden aus dem 12. Jahrhundert an, die die unmögliche Liebe beispielhaft darstellen und die bis in unsere Tage hinein lebendig geblieben sind: die Geschichte von Tristan und Isolde und die von Lanzelot und der Königin Ginevra.

Tristan fährt nach Irland, um Isolde, die Braut von König Marke, abzuholen. Doch auf dem Schiff, das sie zurückbringt, nehmen beide aus Versehen einen Liebestrank und fallen unvermeidlich einander in die Arme. Sie begehen Ehebruch und leiden schrecklich wegen der Unmöglichkeit ihrer Liebe. Am Ende fliehen sie gemeinsam und leben ärmlich in einem Wald. König Marke verfolgt sie und findet sie schlafend vor; sie sind nackt, doch Tristan hat sein Schwert zwischen die beiden gelegt, als wolle er größere Annäherungen des Fleisches verhindern. Der König, der von diesem Beweis heldenhafter Treue bewegt ist, geht weg, ohne ihnen etwas zuleide zu tun, doch zuvor tauscht er – in einer freudianisch elementaren Szene, die bei Psychoanalytikern gewiß Freudenausbrüche auslöst – Tristans Schwert gegen sein eigenes aus. Zum Schluß freilich sterben sowohl Tristan als auch Isolde. Aber trotz dieser Art Strafe des Schicksals ist es merkwürdig, daß sich keiner der beiden des Ehebruchs schuldig gefühlt hatte: Sie waren verhext, sie waren außer sich, alles war unvermeidlich. Dies ist die Vorstellung der Liebe als Sucht, als ein Bereich, der jenseits von Gut und Böse liegt. In der Welt der Liebenden gibt es keine anderen Gesetze als die der Leidenschaft.

Auch in der berühmten Geschichte von Lanzelot und seiner Geliebten Ginevra, der Gattin von König Artus, gibt es weder Schuldgefühle noch Reue. In seinem schönen (am Hof der bereits erwähnten Marie von Champagne geschriebenen) Buch *Lanzelot vom See*, erzählt Chrétien de Troyes, wie Lanzelot die Suche nach dem Gral aufgibt, um Ginevra zu umwerben. Tatsächlich erfahren wir bis zur Mitte des Romans, bis zu dem Moment, an dem Königin Ginevra auftaucht, nicht den Namen des Protagonisten. Eine Dame fragt: »Wer ist dieser Ritter?«, und die Königin antwortet: »Es ist Lanzelot vom See.« Sie ist es also, die Namen und Leben des Geliebten preisgibt. Ohne das Licht der Liebe würde der Geliebte nicht einmal existieren, er wäre nichts als ein unbestimmter Schatten.

Chrétien de Troyes umschreibt den Geisteszustand von Lanzelot mit schlichten, aber präzisen Worten, die auf Verliebte von heute genauso zutreffen: »Seine Sehnsucht ist so tief, daß er sich selbst vergißt, nicht weiß, daß er existiert, sich weder an seinen Namen erinnert noch daran, ob er bewaffnet oder unbewaffnet ist, und auch nicht weiß, wohin er geht und woher er kommt.« Und es ist so, wie Cato sagte, »die Seele des Liebenden lebt in einem fremden Körper«.

Ich bin überzeugt, daß dies genau der Kern der Frage ist: Wenn wir uns der Leidenschaft hingeben, wenn die wahnsinnige Liebe uns ergreift, dann weil wir dank ihrer unserer erstickenden Individualität entfliehen können, aus diesem Gefängnis des Ich, das uns zu unserem eigenen und einsamen Tod verurteilt. In seiner Hingerissenheit zu Ginevra vergißt Lanzelot, den Gral, das ewige Leben zu suchen: In Wirklichkeit braucht er das heilige Gefäß nicht, denn seine Liebe macht ihn bereits unsterblich. Die Leidenschaft ist ein mystischer Impuls, ein religiöses Gefühl (lat. religere, verbinden), das uns damit belohnt, uns mit dem anderen zu verschmelzen, denn wenn wir uns in dem anderen auflösen, machen wir uns unangreifbar. Man liebt gegen den Tod, wie eine Art Flucht aus diesem Absturz ins Nichts, welches das Leben darstellt. Daher kommt es, daß die leidenschaftliche Liebe um so höher bewertet wird, desto individualistischer die Gesellschaft ist; zum Beispiel gab es in jenen traditionellen Kulturen des Orients, in denen das Subjekt Teil eines kollektiven Körpers war, die Leidenschaft nicht in der Weise, wie wir sie heute verstehen.

Die Romantik (eine andere ziemlich individualistische Epoche) prägte einen der bekanntesten Liebes- und Todesmythen: den Vampir. Er wurde von Polidori, dem Arzt von Byron, ausgedacht – wenn auch die Weihe erst mehrere Jahrzehnte später mit Bram Stokers Dracula kommen sollte – und ist ein perfektes Beispiel dafür, wie einen die Leidenschaft vor dem Ich rettet. Die Liebenden geben sich dem verehrten Grafen Dracula so vollständig hin, daß sie ihm sogar ihr Leben opfern; und durch die Verschmelzung verwandeln sie sich in das, was er ist, nämlich in Vampire, und durch diesen Zustand erlangen sie das ewige Leben.

Der bereits zitierte Rougemont erklärt, daß die höfische Liebe ihrem Ursprung nach mit der Häresie der Albingenser oder der Katharer verwandt war. Und als Beleg führt er an, daß Shakespeare sein paradigmatisches Werk Romeo und Julia nach Verona verlegte, einem der bedeutendsten Zentren der Katharer in Italien. Die Katharer waren Dualisten, sie glaubten, daß das Gute und das Böse unterschiedliche Prinzipien seien, so daß Gott, der das Gute repräsentiere, diese widerwärtige Welt nicht erschaffen haben könne. Die Welt sei von seinem Gegenspieler, Satan, erschaffen, und wir Menschen seien Engel, die, vom Dämon verführt, die ungewöhnliche und unglückselige Gelegenheit haben, auf die Erde hinabzusteigen und uns in sterblichen Körpern darzustellen. Daher kommt diese so verbreitete Auffassung, daß wir uns in der Materie eingesperrt, im Innern fremder Körper gefangen fühlen. Die Leidenschaft erlaubt uns schließlich, aus diesem Gefängnis auszubrechen, es zu transzendieren.

Gibt es einen Unterschied zwischen Mann und Frau in der Art, wie die Liebe gelebt wird? Eine schwierige Frage. Es mag sein, daß unser Verständnis vom Sexuellen tendenziell verschieden ist; die Volksweisheit behauptet, daß Frauen Sex geben, um Liebe zu bekommen, während Männer Liebe geben, um Sex zu bekommen; und einige Autoren, wie Alain Finkielkraut in *Die neue Liebesunordnung*, treiben die Unterschiede so weit, daß sie behaupten, wir würden uns nie gegenseitig verstehen können. Doch mir scheinen diese Differenzen lediglich kultureller Art, von der Umgebung abhängig und vorübergehend zu sein. Ich meine, daß die Wahrnehmung des Verliebtseins, der Wunsch, sich selbst zu entfliehen und mit dem anderen eins zu werden, im Grunde genommen für alle gleich ist: nur daß es den Frauen jahrhundertelang nicht erlaubt war, im Leben ein anderes Ziel zu haben als die Liebe, was dazu beigetragen haben mag, daß sie sie nur noch obsessiver verfolgten. Emma Bovary, die Präsidentin und Anna Karenina haben nichts anderes als ihre fieberhaften romantischen Träumereien, um ihre Tage auszufüllen.

Diesen drei pathetischen literarischen Heldinnen ist der Ehebruch gemein. Kehren wir so zum Thema der Untreue und der Dreiecksbeziehungen zurück, einem extrem häufigen Muster in der Liebe. »Selbst wenn der Feind ein schneeweißer Drache ist, schwingt im Hintergrund die sexuelle Begierde mit«, sagt Huizinga in *Herbst des Mittelalters*. Und René Girard erklärt in *Mensonge romantique, verité romanesque* [Titel existiert nicht auf Deutsch, d. Ü.], daß die Begierde immer ein Dreieck ist; daß wir nur das begehren, was irgend jemand anderes begehrt, so daß wir danach streben, daß der Geliebte untreu ist, damit wir unsere Leidenschaft ihm gegenüber erneuern können. All dem müssen wir das Freudsche Beziehungsdreieck hinzufügen, den alten und geschmähten Ödipuskomplex, die Leidenschaft zum Vater oder zur Mutter, die stets unmöglich, stets neu und stets unversehrt ist, weil jene Eltern zum Zeitpunkt des Eintritts eines Kindes in die Welt zum unabänderlichen (und später unauffindbaren) Sinnbild der Frau und des Mannes wurden.

Daher bedeutet lieben, wie es scheint, zu entrücken, sich zu dopen, sich zu verlieren, das Unerreichbare zu suchen, das Mögliche zu verschmähen. Und dieses geradezu pathologische Verhalten muß wohl einer sehr grundlegenden und tiefgreifenden Notwendigkeit des menschlichen Wesens entsprechen, denn es läßt sich bei den Trojanern wie auch bei den Troubadouren wiederfinden. Alle Leidenschaften sind gleich und alle sind zugleich verschieden, denn es ändern sich der Schauplatz, die Bedürfnisse jedes einzelnen und die Art und Weise, in der wir uns dem Glück und dem Unglück stellen.

Und so gibt es perverse Liebschaften, wie die des Malers Oskar Kokoschka, der, außer sich, weil Alma Mahler (die Ehefrau des Komponisten) nicht mehr seine Liebhaberin sein wollte, eine lebensgroße Puppe herstellen ließ, die ihr ähnlich sah und mit der er ungefähr ein Jahr zusammenlebte, wobei er sogar ein Dienstmädchen anstellte, die sie ankleiden mußte. Oder wie der sehr berühmte Fall von Don Pedro von Portugal und Inés de Castro: Don Pedro, portugiesischer Thronerbe, kam an den spanischen Hof, um seine Braut, die Infantin Constanza, abzuholen, doch er verliebte sich in

Inés de Castro, ein uneheliches Kind, das mit dem König von Kastilien verschwägert war. Don Pedro nahm beide Frauen mit nach Portugal und bekam drei Kinder mit Inés. Nach dem Tod von Constanza, welche die rechtmäßige Ehefrau war, heiratete Pedro heimlich Inés. Diese Hochzeit empörte König Alfons IV. von Portugal, den Vater des Prinzen, so sehr, daß er die arme Inés ermorden ließ. Da lehnte sich Don Pedro gegen seinen Vater auf, und nach mehreren Wechselfällen und dem Tod des Königs, bestieg er unter dem Namen Peter I. den Thron. Zu dieser Zeit war Inés bereits zwölf Jahre tot, doch das erste, was König Peter tat, war, die Mörder seiner Frau zu exekutieren, und das zweite, den Leichnam seiner Geliebten auszugraben, sie in majestätische Gewänder zu kleiden, sie neben sich auf den Thron zu setzen und den Hof zu zwingen, vor den fleischlichen Resten zu defilieren und ihr zu huldigen. Eine barbarische und unheimliche Geschichte, die eine Fülle von literarischen Werken inspiriert hat.

Es gibt auch doppelt verbotene Liebe wie die homosexuellen Leidenschaften, illegal in vielen Ländern und während vieler Jahrhunderte, die oft Gefängnis oder sogar den Tod der Liebenden zur Folge hatten: Dies ist der Fall bei Oscar Wilde, dessen Geschichte wir in diesem Buch kennenlernen werden. Oder wie der Inzest, ein Tabu, das viel öfter gebrochen wurde, als man denkt, das jedoch so sehr in der Verschwiegenheit des häuslichen Lebens begraben bleibt, daß nur wenige berühmte Fälle bekannt sind. Einer der berühmtesten ist der der Schriftstellerin Anaïs Nin, welche die Geliebte ihres Vaters, des Komponisten Joaquín Nin, war, ein Verhältnis, von dem sie in ihren Tagebüchern hinlängliche und schlüpfrige Einzelheiten schildert. Wobei ich mich des

Eindrucks nicht erwehren kann, sie habe die Geschichte nur durchlebt, um darüber schreiben zu können.

Und schließlich gibt es tragische Lieben, wie die des Erzherzogs Rudolf, des Erbprinzen von Österreich-Ungarn und Sohn der beliebten Kaiserin Sissi. Rudolf, der einen melancholischen Charakter hatte, soff wie ein Loch und pumpte sich mit allerlei Drogen voll, er war ein »geborener Selbstmörder«. Mehreren seiner Liebhaberinnen schlug er vor, mit ihm zusammen zu sterben, doch keine ging ihm auf den Leim; bis ihm eines Tages die romantische und vor allem sehr junge Baronesse Mary Vetsera in die Hände fiel, die siebzehn Jahre alt war und genügend Naivität besaß zu denken, daß diese dumme und verzweifelte Tat das Opfer einer glorreichen Liebe wäre. So traurig und erbärmlich war der doppelte Suizid von Mayerling, obwohl die öffentliche Meinung versucht hat, ihn zu verbrämen. Es geschieht für gewöhnlich, daß Paare, die als Sinnbilder der vollkommenen Leidenschaft in die Geschichte eingingen, krank oder schäbig erscheinen, wenn man sie näher betrachtet. Und wir alle neigen dazu zu glauben, daß der Nächste fähig ist, diese Fülle zu leben, die uns selbst verwehrt bleibt: die absolute Liebe, das vollkommene Glück.

Doch diese Fülle ist eine Illusion, und wir Menschen sind labil. Auch die sogenannten großen Männer (und Frauen) hatten nicht selten ein zerrissenes und unerfülltes Gefühlsleben, bei Licht besehen: Freud lebte mit seiner Frau und deren Schwester unter einem Dach; und Einsteins Beziehung zu seiner ersten Ehefrau, zum Beispiel, soll am Ende ganz furchtbar gewesen sein. Der arme Kafka hinterließ im reichhaltigen Briefwechsel mit seinen beiden Geliebten, zuerst Felice und dann Milena,

ein schönes und erschütterndes Zeugnis über die uner-
füllte Leidenschaft. In seiner Jugend erlaubt sich der
Schriftsteller mit der zahnlosen, tüchtigen und klugen
Felice glühende Zärtlichkeiten: »Wie ich dich liebe, mein
Gott!«. Doch nachdem sie später in Marienbad miteinander geschlafen hatten (wobei alles mißglückte, denn
Kafka war von der Angst gelähmt, impotent zu sein),
schrieb er in sein Tagebuch resignativ: »Mühsal des Zusammenlebens. Erzwungen durch Fremdheit, Mitleid,
Wollust, Feigheit, Eitelkeit und nur im tiefen Grunde
vielleicht ein dünnes Bächlein würdig Liebe genannt zu
werden, unzugänglich dem Suchen, aufblitzend einmal
im Augenblick eines Augenblicks.«

Natürlich gibt es auch ein paar Geschichten, die, aus
der Nähe betrachtet, sehr anrühren und nichts Schreckliches an sich zu haben scheinen. Wie die Beziehung
von Mark Twain zu seiner Ehefrau Olivia, mit der er
dreiunddreißig Jahre zusammenlebte. Nach ihrem Tod
schrieb Twain zu ihrem Gedenken ein pathetisches, aber
unterhaltsames kleines Buch mit dem Titel *Tagebuch von
Adam und Eva*, das von dem ersten Paar der Mensch-
heitsgeschichte handelt. Das Werk endet mit Worten
von Adam, die Mark auf Olivias Grabstein schreiben
ließ: »Dort wo Eva war, war das Paradies.«

Doch mir scheint, daß diese Geschichte von Mark
und Olivia Twain das genaue Gegenteil der Liebeslei-
denschaft ist. Denn es ist eine authentische Beziehung
zwischen zwei Personen, ein Zusammenleben, das Tag
für Tag unter mühevollen Anstrengungen aufgebaut
und zweifellos auch von Höhen und Tiefen und Ent-
behrungen, Momenten der Gleichgültigkeit und der
Langeweile heimgesucht wurde, wie es immer in der
Wirklichkeit geschieht. Solange die Leidenschaft im

Imaginären abgekapselt bleibt, ist sie eine Phantasie, eine Wahnvorstellung, in der die geliebte Person nur eine Ausrede ist, die wir uns suchen, um das extreme Gefühl des Verliebtseins zu erlangen. In Wahrheit ist es kaum von Bedeutung, wen wir lieben: Deshalb können wir ein ums andere Mal den gleichen Gefühlsausbruch erleben. Wie der heilige Antonius sagt: Das, was der Verliebte liebt, ist die Liebe. Eine sehr schöne Droge zwar; doch das richtige und bescheidene Leben beginnt genau da, wo das Märchen endet. Jenseits der Prinzen und Prinzessinnen.

Prinz Edward und Wallis Simpson

Prinz Edward &
Wallis Simpson

Von außen, von ganz außen betrachtet, aus der entfernten Distanz des satinierten Papiers der Zeitschriften, kamen die Herzöge von Windsor gerade zur rechten Zeit. In ihren dreiunddreißig Jahren Ehe wurden sie zum tragischen Paar, zu den Protagonisten der süßesten und romantischsten Geschichte des 20. Jahrhunderts, oder jedenfalls behauptete dies die Regenbogenpresse. Letztendlich war er nur ein Jahr lang König von England gewesen und hatte dann auf den mächtigen Thron des Empires (zu dem noch Indien gehörte) verzichtet, und alles aus bescheidener Liebe zu einer Frau, Wallis Simpson, Bürgerliche, Amerikanerin und geschieden. Es war wie ein Märchen, und als solches wurde die Liebe in der öffentlichen Meinung dargestellt.

Gewiß pflegt das Königtum beim Volk eine Art sentimentaler Aufmerksamkeit zu erregen; und außerdem scheinen sie selbst, die Monarchen und Prinzen aller Breiten, eine besondere Fähigkeit zu besitzen, sich in Liebesbeziehungen zu verstricken. Viele der berühmtesten Leidenschaften der Geschichte wurden von königlichen Personen gelebt, von Kleopatra über Johanna die

Wahnsinnige bis zur Krone von England, die ein, offen gesagt, unseliges Jahrzehnt durchmacht. Vielleicht sind deren Exzesse dem Mangel anderer existenzieller Sorgen wie Nahrung und Arbeit geschuldet; oder im Gegenteil, der Notwendigkeit, einer erdrückenden staatlichen Verantwortung zu entfliehen. Oder gar der eigenen Wahrnehmung als außergewöhnlich und daher als empfänglich für ebenso außergewöhnliche Leidenschaften: Ich möchte damit sagen, daß sie sich vielleicht mit größerer Freude eine Dummheit erlauben. Obwohl es auch sein kann, daß wir Menschen im Grunde alle auf dieselbe Art Dummheiten begehen, und der einzige Unterschied der ist, daß die Überspanntheiten von Königen mehr ins Auge fallen und in die Jahrbücher aufgenommen werden.

Die Abenteuer und Unglücksfälle der Herzöge von Windsor wurden schließlich nicht bloß in die Jahrbücher aufgenommen: Sie stellten jahrzehntelang das Lieblingsthema der Klatschspalten dar. Klein, elegant und verschwenderisch, wie sie waren, bildeten die Herzöge die Crème des Jet-Set. Sie erschienen höchstens ein wenig oberflächlich, dekorativ und harmlos. Letzteres, wie wir später sehen werden, stimmt nicht mit der Wirklichkeit überein, denn die Herzöge von Windsor waren gefährlich. Was die Oberflächlichkeit betrifft, so paßte dies schon besser. Mit fünf Jahren taufte Wallis ihre Puppe nach der »Königin« der damaligen High-Society Amerikas, Mrs. Vanderbilt: Etwas so Dummes und Snobistisches, wie wenn man seine Puppe Isabel Preysler [Ex-Ehefrau des spanischen Sängers Julio Iglesias, jetzt mit dem früheren spanischen Wirtschaftsminister Miguel Boyer verheiratet, d. Ü.] nennen würde.

Wallis wurde 1895 in Baltimore geboren. Sie gehörte einer sehr angesehenen Familie an, doch sie selbst war das Ergebnis eines unglücklichen Fehltritts: Ihre Eltern heirateten, als Wallis bereits eineinhalb Jahre alt war. Ein paar Monate später starb ihr Vater, und das Mädchen wuchs zwischen der unerbittlichen und sehr reichen Großmutter und der Mutter, einer gesellschaftlichen Außenseiterin, auf, die als Näherin arbeiten und Zimmer untervermieten mußte, um überleben zu können. Aus diesem Gegensatz und dem Spott ihrer Klassenkameradinnen aus den Privatschulen mußte der wilde Ehrgeiz der Herzogin erwachsen sein. Alles um des Geldes und des leuchtenden Ruhms der Salons willen.

Wallis war hart, kämpferisch und egozentrisch. Alles scheint darauf hinzuweisen, daß sie permanent magersüchtig zu werden drohte. Als junges Mädchen stopfte sie sich mit Süßigkeiten voll und erbrach sich danach, und ihr Lieblingsspruch als Herzogin lautete: »Man ist nie weder zu schlank noch zu reich.« Sie war natürlich spindeldürr: So beschrieb sie der berühmte Fotograf Cecil Beaton, als er sie kennenlernte. Sie hatte ein beunruhigendes, kantiges und vampirhaftes Aussehen. Lediglich ein Paar großartige blaue Augen milderten ihre sehr magere Erscheinung ab, die mit der Zeit immer schockierender wurde, da sie sich die Haut übermäßig liften ließ: Als bei ihr, da sie bereits Witwe und alt war, ein chirurgischer Eingriff vorgenommen werden mußte, hatten die Ärzte wegen der vielen Schönheitsoperationen, denen sie sich am Hals unterzogen hatte, Schwierigkeiten, eine Intubation durchzuführen.

Jüngst wurde behauptet, sie sei in Wirklichkeit als

Mann geboren worden und also eine Transsexuelle. Zu solchen Theorien führte der seltsame Eindruck, den sie machte. »In vielerlei Hinsicht bin ich ein Mann«, gestand die Herzogin gegenüber Cecil Beaton ein; ihr erster Mann, ein amerikanischer Militär, war bisexuell, genauso wie der Herzog von Windsor. Ihr zweiter Ehemann, von dem sie sich scheiden ließ, um den Herzog zu heiraten, war Ernest Simpson, ein Geschäftsmann, den Wallis mit ihrer Extravaganz ruinierte und der jahrelang den verständnisvollen Ehemann spielte, mit seiner Gattin und dem Prinz von Wales ausging und die Augen vor dem Offensichtlichen verschloß: eine alte höfische Sitte.

Wallis lernte den Prinz von Wales 1932 kennen, als sie siebenunddreißig und er achtunddreißig Jahre alt war. Bis dahin war Prinz Edward einer der berühmtesten Junggesellen der Welt gewesen, blond, attraktiv, lächelnd, mit einem zierlichen Körper, aber gut gebaut. Hinter seinem Rücken wurde er *Der kleine Mann* genannt. Er war sympathisch, obschon infantil und schwach. Auch er aß sehr wenig, kaum mehr als Kopfsalat und Obst. Dafür trank Edward um so mehr – Alkohol. Er verbrachte seine Zeit, indem er von Party zu Party schwärmte, Deckchen häkelte und sich verheiratete Frauen als Geliebte nahm. Eine dieser Frauen, Thelma Vanderbilt, stellte ihn Wallis vor. Die zukünftige Herzogin pflegte Thelmas Freundschaft, um sich dem Prinzen annähern zu können: Man könnte meinen, daß sie ihn vom ersten Moment an erobern wollte.

Am Tag, als sie sich kennenlernten, sagte ihr Edward eine Plattheit: »Sehnen Sie sich als Amerikanerin in London nicht nach der Heizung ihres Landes?« Wallis antwortete und ging zum Angriff über: »Sie enttäuschen mich, Sir. Allen Amerikanerinnen, die nach London kommen, wird dieselbe Frage gestellt, und ich erwartete vom Prinz von Wales etwas Originelleres.« Ein Jahr später war die Sache so weit fortgeschritten, daß, als Edward bei einem Abendessen im Palast ein Salatblatt mit den Fingern anfaßte, Wallis ihm mit der Hand einen Klaps auf den Rücken versetzte: »Das nächste Mal benutzen Sie Löffel und Gabel!« ermahnte sie ihn im Tonfall einer strengen Gouvernante, was alle Tischgäste verblüffte. Unter ihnen waren auch der verständnisvolle Mr. Simpson und die arme Thelma, die Stunden später für immer den Palast verließ. Dies war der Beginn von Wallis Herrschaft.

Es steht außer Zweifel, daß der Prinz in Mrs. Simpson verliebt war, oder besser gesagt, von ihr ergriffen und eingefangen wurde. Man sagt, der Mann litt unter großen sexuellen Problemen, und Wallis, die erfahren war und eine lange Liebeslaufbahn hinter sich hatte, wußte ihm zu helfen. Es gibt unbegreifliche Paare, bei denen man sich tatsächlich nur vorstellen kann, daß der Sex sie zusammenhält. Aus fetischistischen Affinitäten oder masochistischen Neigungen: sie die dominante Herrin und er der unterwürfige Schüler, zum Beispiel, wie es vielleicht bei den Herzögen von Windsor geschah. Natürlich ist gegen dieses seltsame intime Komplizentum nichts einzuwenden, das vielleicht mehr als alles andere zur Beständigkeit eines Paares beiträgt. Die einen leben den Sex, die anderen phantasieren ihn. Man sollte die Herzöge von Windsor nicht danach kritisieren, wie sie sich entschlossen haben, als Paar zusammenzuleben.

Schwerer wiegen zum Beispiel die Egozentrik und die äußerste Banalität, mit der sie ihr Leben zubrachten.

Während in den dreißiger Jahren Menschen massenhaft an Hunger starben, während der Totalitarismus an die Macht kam und der Zweite Weltkrieg ausbrach, gaben sich Wallis und Edward dem üppigen Leben hin. Der ergebene Prinz von Wales beschäftigte sich mit kaum mehr als damit, seine Geliebte mit unglaublichen Mengen von Schmuck und Pelzen einzudecken; in Cannes ließ er um ein Uhr nachts den Cartier-Laden öffnen, um für Wallis Smaragde und Diamanten zu kaufen. Sie waren launisch und prunksüchtig wie Reiche aus dem Bilderbuch: Auf ihrer Hochzeitsreise nahmen sie 266 Koffer mit.

Nach dem Krieg ließen sie sich in Frankreich nieder, wo sie über dreißig Bedienstete verfügten, unter ihnen sieben Diener in Livree zum Empfang der Gäste. Jeden Tag ließen sie auf Französisch das Menü ihrer Schoßhunde drucken, die aus silbernen Tellern fraßen und frische Biskuits bekamen, die täglich vom Küchenchef gebacken wurden. Schließlich ließ Wallis, um nur eine weitere Extravaganz zu erwähnen, ihr Geld bügeln, denn sie liebte knisternde Geldscheine. Von ihren sonderbaren und hochberühmten Parties ganz zu schweigen. Die heutigen Reichen sind etwas zurückhaltender, und kaum einer traut sich mehr, so eine dreiste Verschwendung und feudale Gleichgültigkeit zur Schau zu stellen, wie es die Windsors taten.

Als Edward noch Prinz von Wales war, besuchte er die verarmten Bergarbeiter von Nordengland und setzte sich danach öffentlich für sie ein, was die Bürger zur Annahme verleitete, der Prinz sei ein Mensch, der sich für soziale Themen interessiere. Es waren wohl die ersten Armen, die er in seinem Leben gesehen hatte, und sie beeindruckten ihn; doch das soziale Engage-

ment des Prinzen schien nicht stärker zu sein als die
Feilspäne eines Fingernagels. In der Tat waren die Herzöge, aus der Nähe besehen, ziemlich erbärmlich. Als
zum Beispiel der Prinz unter dem Namen Eduard VIII.
im Januar 1936 auf den Thron gelangte, kürzte Wallis
der gesamten Dienerschaft des Palasts das Gehalt und
warf die alten und kranken Diener hinaus. Der neue
König besaß außerdem einen übertriebenen Krämer-
geist; obwohl er ein steinreicher Mensch war, sprach er
bei den Verwaltern des Herzogtums Cornwall vor, das
zu ihm gehörte, um zu verlangen, daß sie keinen einzigen Cent an Steuern nachlassen sollten, die zum großen
Teil von sehr armen Leuten eingezogen wurden.

Am schlimmsten waren die Pro-Nazi- und profaschi-
stischen Aktivitäten des Ehepaars. Noch bevor sie sich
kennenlernten, waren beide überzeugte Anhänger des
neuen Totalitarismus der extremen Rechten (Wallis war
zudem die Geliebte mehrerer berühmter Faschisten gewesen). Nachdem Edward und Wallis ab 1933, dem Jahr
als Hitler an die Macht gelangte, ein Paar waren, unternahmen sie alles Mögliche und auch Unmögliches, um
die Faschisten in ganz Europa zu unterstützen. Unkluge
und leichtfertige Äußerungen des Prinzen von Wales
kompromittierten die Regierung bei mehr als einer Gelegenheit. Beide sollen Staatsgeheimnisse an die Deutschen und Italiener verraten haben. Die britische Regierung besitzt ein Dossier über die dunkle Vergangenheit
der Abenteurerin Wallis (sie wurde beschuldigt, Drogen
genommen und während einer Reise in den zwanziger
Jahren in chinesischen Bordellen perverse Techniken er-
lernt zu haben) und über ihre Zusammenarbeit mit den
Deutschen in den Dreißigern. Dies und die begründete
Angst, daß sie Spionin war, war der eigentliche Grund

dafür, daß die Regierung versuchte, mit allen Mitteln ihre Beziehung zu dem frischgekrönten König zu verhindern. Freilich wurde dieser König in den unsicheren Vorkriegszeiten auch nicht gerade als vertrauenswürdig angesehen. Wie Charles Higham in seiner großartigen Biografie über Wallis erzählt, wurden Edward in dem einen Jahr, als er den Thron innehatte, angeblich etliche Staatsgeheimnisse anvertraut, um ihn auf die Probe zu stellen, und am nächsten Tag wurden dieselben Geheimnisse in der Post des berüchtigten Nazis Joachim von Ribbentrop, einem engen Freund von Wallis, abgefangen. Schließlich verheimlichten die Politiker dem König die echten Beschlüsse der Minister. Eine unhaltbare Situation. All dies wurde natürlich vor der Öffentlichkeit geheimgehalten. Deshalb sahen die Leute, als die Regierung Baldwin sich gegen die Bürgerliche Wallis stellte, nur geistige Engstirnigkeit und Konservativismus.

Sicher ist allerdings, daß Edward seine Wallis liebte. Mehr noch, er brauchte sie auf pathologische Art, hing von ihr ab und konnte ohne sie nicht leben. Deshalb bestand er darauf, daß sich Wallis von ihrem Mann scheiden ließ und ihn heiratete, und daß er sie zur Königin machte. Wallis wollte nicht; sie war realistischer als er und sah die Schwierigkeiten des Unternehmens. Aus den Briefen, die sie damals ihrer Tante Bessie schickte, geht klar hervor, daß sie überhaupt nicht in ihn verliebt war und daß es sie störte, daß er von ihr so abhängig war. Damals wurde er noch als Prinz von Wales zu jeder möglichen Stunde im Haus des Ehepaars Simpson vorstellig, selbst um vier Uhr morgens. Wallis wollte so weiterleben, die Geliebte des Prinzen und eines Tages des Königs sein; sie wollte seine soziale Stellung und seine Macht genießen, ohne weitere Komplikationen zu haben. Doch Edward brauchte mehr, das heißt, er brauchte alles. Als er König wurde, fühlte er sich allmächtig; er setzte durch, daß Wallis die Scheidung einreichte und kündigte in der amerikanischen Presse an, daß er sie heiraten würde. Die britische Regierung drohte mit ihrem kompletten Rücktritt, und er sah sich gezwungen, den Thron aufzugeben. Das war im Dezember 1936.

Als Wallis von der Abdankung erfuhr, bekam sie einen solchen Wutanfall, daß sie Blumenvasen gegen die Wand warf: Edwards Verhalten verurteilte sie erneut zu einer gesellschaftlichen Randposition, aus der sie ihr ganzes Leben lang versucht hatte zu entkommen. Sie hatte vorgeschlagen, ihr Scheidungsverfahren zurückzunehmen, um die Krise zu stoppen. Doch der verliebte König antwortete ihr: »Du kannst gehen, wohin du willst. Nach China, Labrador oder in die Südsee. Doch ich werde dir folgen, wohin du auch gehst.« Wenn auch Edwards Verblendung krankhaft war, so machen diese Worte und alles, was dieser Mann damit aufs Spiel setzte, zweifellos Eindruck. Und es ist oft so, daß Dummheit mit Heldentum und Pathologie mit Würde einhergeht.

Sechs Monate später heirateten sie in Frankreich, waren ins Exil verbannt, von der königlichen Familie geächtet und von der vornehmen Gesellschaft ignoriert. Es wurde verfügt, daß Wallis weder den Titel »Königliche Hoheit« benutzen noch Referenzen empfangen durfte, und diese albernen höfischen Direktiven wurden zum Sinnbild ihrer Demütigung: Beide kämpften ihr ganzes Leben lang darum, einen Titel zu erlangen.

Nach ihrer Hochzeit und bis zum Ende des Zweiten

Weltkriegs schmiedeten die Windsors fieberhaft Intrigen, um mit Mussolinis und Hitlers Hilfe an die Macht zurückzukehren. Es gab verworrene Pläne, die königliche Familie nach Kanada zu deportieren und den schwachen Edward als Marionettenkönig der Nazis wieder zu inthronisieren, und der Herzog ging so weit, mit dem Gedanken zu spielen, in England eine nationalsozialistische Republik auszurufen, deren Präsident er dann werden wollte. Nachdem der Krieg ausgebrochen war, wußten die Briten nicht, was sie mit den Windsors machen sollten, die mit ihren plumpen Verschwörungen so gefährlich waren. Schließlich beschlossen sie, sie loszuwerden, und ernannten den Herzog zum Gouverneur der Bahamas, dem am weitest entfernten Ort, der ihnen einfiel. Bevor das Paar dort hinfuhr, gab es noch ein obskures Komplott, in das auch spanische Politiker verwickelt gewesen sein sollen: Der von Ribbentrop vorgeschlagene Plan bestand darin, daß die Herzöge auf den Kontinent fahren sollten, um an einer Jagd teilzunehmen, bei der sie zum Feind überlaufen sollten. Doch die Windsors, die vom englischen Geheimdienst streng überwacht wurden, schifften sich schließlich nach Nassau ein.

Nachdem der Krieg beendet war und ihre Verbündeten besiegt waren, verloren die Herzöge jegliche Hoffnung, wieder an die Macht zu kommen. Von da an herrschten sie spektakulär, aber dekadent und bedeutungslos in der Welt des Jet-Set und waren nicht einmal in dieser wirklich feinen Gesellschaft anerkannt, von der Wallis so sehr geträumt hatte, sie zu erobern. Die Gräfin von Romanones, eine enge Freundin des Paares, gibt in ihrem Buch *Die Spionin trug Rot* zu verstehen, daß Wallis wegen der Vergeblichkeit ihrer Ambitionen verbittert war; sie glaubte den Himmel berühren zu können, doch sie verlor alles.

Und was die Liebe zwischen den beiden betrifft: Was konnte in diesen dreiunddreißig Jahren Exil und Verfall geschehen? Es scheint, daß es in den ersten Jahren zwischen ihnen einige Spannungen und Vorwürfe gab; und 1947 legten sie sich einen engen Freund zu, eine unerwünschte Person namens Jimmy Donahue, Millionär, homosexuell und sadistisch, der Ärger mit der Justiz gehabt hatte, weil er mit dem Rasiermesser einen Soldaten kastriert hatte. Jimmy begleitete sie sieben oder acht Jahre lang überallhin, kokettierte in aller Öffentlichkeit mit Wallis, hatte jedoch offensichtlich den Herzog für sich eingenommen. Ich möchte nur sagen, daß keine Beziehung einfach ist, und um so weniger eine, für die man ein ganzes Imperium verloren hat.

Es scheint aber auch klar zu sein, daß sich Wallis nach der Abdankung allmählich doch in Edward verliebte. Der Verzicht auf einen Thron ist ein zu großes Geschenk, als daß man davon nicht bewegt wäre und sich in der Schuld fühlen müßte. Ihre eigene so außergewöhnliche Situation, das Exil, die politischen Verschwörungen und die Loyalität von Edward, der immer den verdammten Titel der Hoheit für seine Ehefrau forderte, müssen wohl dieses Netz gegenseitiger Bedürfnisse, Gewohnheiten und Interessen gebildet haben, das schließlich zu dem wurde, was wir Liebe nennen.

In seinen Tagebüchern beschreibt Beaton ein Treffen mit den Windsors im Jahre 1970 und erklärt, daß die beiden gut miteinander auskamen und nicht bereuten, was sie getan hatten. Ein Jahr später starb der Herzog an Krebs. »Er war mein ganzes Leben«, murmelte eine bestürzte Wallis. Es gibt von ihr ein Foto aus den ersten Tagen als Witwe, wie sie verstört und voller Trauer aus einem Fenster sieht, gereift durch das Alter und diese elementaren Gefühle des Verlusts und des Schmerzes, die uns alle verbinden. Wallis starb erst fünfzehn Jahre später, senil und aufgezehrt. So elend und traurig sind in Wirklichkeit die Märchen von Königen und Prinzessinnen.

Lew & Sofja Tolstoj

Am 23. September 1910 war der achtundvierzigste Hochzeitstag von Lew Tolstoj und seiner Frau Sofja. An diesem Tag schrieb Sofja in ihr Tagebuch: »Ich habe den ganzen Morgen geweint.« Die Frau bestand hartnäckig darauf, daß sie zum Jubiläum gemeinsam ein Foto machten, um so die wachsenden Gerüchte über den katastrophalen Zustand ihrer Ehe zum Verstummen zu bringen. Das Foto existiert und ist ergreifend: Die sechsundsechzigjährige hübsche und zuvorkommende Sofja beugt sich, halb von der Seite, bescheiden zu Lew hin, dem großen Alten, einem stolzen und unbändigen Achtzigjährigen, der sich seines Platzes in der Welt vollkommen sicher ist, zuerst als Aristokrat und Großgrundbesitzer, und nun außerdem als Guru von internationalem Ruhm. Sofja hält die Hand des Alten, der den Eindruck macht, als wolle er sie gerne loslassen. Sie wollte eigentlich, daß Lew ihr während des Schnappschusses in die Augen sieht, aber er weigerte sich rundum. So schauen die beiden nun also in die Kamera, er mit mürrischer Miene, sie mit einem pathetischen Lächeln, so sehr darauf erpicht, daß er sie liebt und ihr verzeiht.

Lew & Sofja Tolstoj

Arme Sofja: Zur damaligen Zeit hatte es Lew geschafft, sie wahnsinnig zu machen.

Alles begann viel früher, als Graf Tolstoj die Armee verließ und beschloß, sein ausschweifendes Leben zu beenden, sich der Pflege seiner Besitztümer zu widmen (er hatte ein schönes Gut, Jasnaja Poljana, mit dreihundertdreißig Leibeigenen geerbt) und zu schreiben: Er hatte bereits einige Bücher mit großem Erfolg veröffentlicht. Doch zuerst mußte er heiraten; bis dahin hatte Tolstoj, der vierunddreißig Jahre alt war, sich nur bei vielen Frauen des leichten Lebens an Geschlechtskrankheiten angesteckt, einige Männer platonisch geliebt und ein glühendes Verhältnis zu einer seiner Bäuerinnen gehabt, einer verheirateten Frau, mit der er einen Sohn hatte. Da diese Geschichte von 1858 bis 1862 dauerte und die Befreiung der Leibeigenen erst 1861 stattfand, war Tolstojs Beziehung zu ihr die eines Herrn zu seiner Sklavin. Tolstoj war ein furchtbar widersprüchlicher Mensch: Engel und Bestie, Genie und Schurke.

Im Laufe seines Lebens konnte er beobachten, wie das feudale Rußland durch einen schwindelerregenden Industrialisierungsprozeß zerstört wurde; die äußerst armen Leibeigenen wurden zu Arbeitern, die noch mehr ausgebeutet wurden und noch elender lebten, während die Kapitalisten immer reicher wurden. Mit all diesem Leiden wollte Jahre später die bolschewistische Revolution ein Ende machen.

Es war eine brutale Gesellschaft, die sehr schwer zu ertragen war für jemanden, der ein Mindestmaß an Gefühlen besaß: Und Tolstoj hatte diese Empathie, trotz seines Egoismus und seiner aristokratischen Vorurteile. In seinem ganzen Leben als Schriftsteller versuchte er einen Weg zu finden, seine Schuld abzuladen. Seine

Anstrengungen kommen uns heute recht hilflos und lächerlich vor; zum Beispiel beschloß er 1859, seine Leibeigenen zu befreien, was diese jedoch ablehnten: Sie mißtrauten ihrem Herrn und fürchteten irgendein Manöver. Und obwohl er, als er sich 1862 mit seiner Ehefrau in Jasnaja Poljana niederließ, behauptete, er liebe die Bauernschaft so sehr, hatten seine Knechte und Mägde keine eigenen Zimmer und schliefen nachts in irgendeiner Ecke des Hauses, wie Hunde.

Tolstoj war ein glühender Anhänger von Jean-Jacques Rousseau und mystifizierte den guten Wilden, das heißt den naiven russischen Bauern, der in seiner Schlichtheit angeblich glücklich war. Er verachtete seinesgleichen aus der Aristokratie, denn er war der Meinung, sie hätten den Sinn für Harmonie und Gerechtigkeit verloren; doch er verabscheute auch die Revolutionäre. Im tiefsten Innern war er ein Reaktionär, der glaubte, daß der Fortschritt der Grund allen Übels sei. In seinem vielfältigen Haß nahmen die Frauen einen speziellen Platz ein: Er verabscheute sie. »Seine Haltung zu den Frauen ist eine harte Feindseligkeit. Nichts gefällt ihm mehr, als sie zu mißhandeln«, sagte Maxim Gorki über ihn. Mit dieser misogynen Einstellung heiratete Lew Tolstoj 1862 Sofja, die achtzehn Jahre alt und voller Illusionen war.

Doch es heiratete auch der Autor von *Krieg und Frieden* und *Anna Karenina*. Daß ein so intoleranter und so feindseliger Mann wie Tolstoj in der Lage war, einen so schönen und feministischen Roman wie *Anna Karenina* zu schreiben, vermittelt eine Ahnung vom Ausmaß seines Talents: Die Kraft seines Genies und die radikale Wahrheit, die in seiner Schrift liegt, überragen selbst seine eigenen Vorurteile. All dies, alles Gute, alles Schöne, Lebendige und Erhabene, das sich in seinen Werken findet, ist auch Teil von Tolstoj; und auch wenn er für gewöhnlich unter der offiziellen, egoistischen, schweigsamen und unverschämten Persönlichkeit begraben blieb, so ließ sich dieser Glanz manchmal erspähen und machte aus Tolstoj einen hinreißenden Menschen. Selbstverständlich war Sofja hingerissen.

Sie war die Tochter eines mit Lew befreundeten Arztes. Der gesellschaftliche Rang ihrer Familie lag weit unter dem des Grafen. Er verliebte sich von heute auf morgen in sie und schrieb ihr einen leidenschaftlichen Brief, in dem er um sie anhielt. Sofja erzählt in ihren Tagebüchern, wie sie die Notiz in ihrem Zimmer las, wie sie die Treppen hinaufflog, durch Alkoven und Salons voller Möbel und Samoware eilte (alles so tschechowianisch, so russisch; kleine, glückliche Schritte, die geräuschvoll Zimmer durchqueren), bis sie zum Raum kam, in dem Lew Tolstoj nervös wartete; und wie sie ihn an den Händen faßte und Ja sagte. Das ist das feste Bildnis des Glücks.

Doch von da an ging alles schlecht. Erstens wollte Lew sofort heiraten: Er war ein fürchterlicher Lüstling, und mit seiner sexuellen Begierde tyrannisierte er die Frauen regelrecht. Die Mutter der Braut und die Braut selbst wollten den Hochzeitstermin auf ein paar Monate später ansetzen, wie es schicklich und angemessen war, damit genügend Zeit blieb, die Aussteuer zu besorgen. »Sie hat genug Kleidung«, befand Lew, »und außerdem paßt sie ihr gut«; und er beschloß, daß sie sieben Tage später heiraten sollten.

Im Laufe dieser Woche kam Lew der grausame und absonderliche Gedanke in den Kopf, daß seine Braut all seine intimen Tagebücher lesen solle, damit sie wisse, wen sie heirate. Und die arme Sofja, die noch ein Kind war, mußte die Intimitäten eines Mannes von vierunddreißig Jahren erfahren, den sie kaum kannte. Sie war entsetzt, vor allem als sie von der Existenz der Bäuerin und des Sohns erfuhr, den er mit ihr hatte.

Die Hochzeit verlief ziemlich grotesk, denn der Bräutigam kam viel zu spät (er hatte kein sauberes Hemd gefunden), und die Braut und ihre Angehörigen hörten nicht auf, bitterlich zu weinen: Sie war so jung, und alles war so überstürzt … Lew nahm seine kleine Braut mit nach Jasnaja Poljana. Zur damaligen Zeit war das Gut sehr heruntergekommen: Wegen seiner Spielschulden hatte Lew das schöne Haus mit sechsunddreißig Zimmern verloren, und nun lebten sie gedrängt in zwei schmutzigen und dunklen Pavillons, ohne Teppiche, voller Ratten und einem Garten, der vom Dickicht verschlungen wurde. Auf diesen Ort traf Sofja, und außerdem auf die ehemalige Geliebte ihres Mannes, die auf Knien die Fliesen des Gutshauses schrubbte, neben sich den kleinen dreijährigen Bastard: die perfekte Inszenierung des Patriarchats.

Doch obwohl sie erst achtzehn Jahre alt war, besaß Sofja eine bemerkenswerte Intelligenz und viel Temperament. Sie ließ sich von ihrem Ehemann nicht dreinreden, der ihre Rettung und ihre Verdammung gleichzeitig war. Von Anfang an stritten sie sich fürchterlich, doch danach schlossen sie Frieden, und Lew schrieb schöne Absätze voller Liebe für Sofja in sein Tagebuch, die er ihr zum Lesen gab (die Abschnitte voller Haß gab er ihr auch zu lesen). Außerdem machte Sofja ihren Mann sexuell verrückt, obwohl ihr »das« nicht sehr gefiel. Doch sie genoß die Zärtlichkeit, die Lew ihr vor dem Akt schenkte: Anscheinend gab Sofja Sex, um Liebe zu bekommen, und Lew gab Liebe, um Sex zu bekommen. Nach vielen Jahren beklagte sich Sofja heftig in ihrem Tagebuch: »Er liebt mich nur nachts, nie tagsüber.« Sofja wurde sechzehnmal schwanger: Sie hatte drei Abtreibungen und gebar dreizehn Kinder, von denen vier starben, bevor sie acht Jahre alt wurden.

Und dann war da noch die Literatur. Während der ersten Zeit der Ehe schrieb Lew seine besten Werke, *Krieg und Frieden* und *Anna Karenina*. Sofja schrieb geduldig ein ums andere Mal die fast unleserlichen Seiten ihres Ehemanns ab. Sie war Lews beste Leserin, sie gab ihm Rat und war von seinem Genie überzeugt; und all dies entschädigte sie für viel Kummer. Umrandet von Streitereien und leidenschaftlichen Versöhnungen, waren die ersten siebzehn Ehejahre ziemlich gut.

Die Hölle begann erst, als Lew dabei war, *Anna Karenina* zu beenden und ihn seine berühmte Krise überkam. Er hatte bereits vorher Depressionen gehabt, doch nun, mit neunundvierzig Jahren, stürzte er in einen entsetzlichen Tunnel. Er sah in seinem Leben keinen Sinn mehr und wollte Hand an sich legen; bis er beschloß, eine neue Religion zu gründen, den Tolstojismus, und zum Guru der Frohen Botschaft zu werden. Von da an trug er Bauernkleider und hörte auf, sich zu waschen. Er verabscheute sein erzählerisches Werk und fing an, moralische Pamphlete zu verfassen. Er erklärte, das Privateigentum müsse abgeschafft werden, und verschenkte sein ganzes Land und seine Habe an seine Frau und seine Kinder. Doch er lebte weiterhin wie ein Pascha in Jasnaja Poljana, mit derselben Dienerschaft, demselben guten Essen und denselben Privilegien, nur Sofja mußte jetzt zu ihren bisherigen Arbeiten auch noch die Verwaltung des Guts übernehmen.

Lew war nun der Meinung, daß Sex die größte aller Sünden sei und daß man in absoluter Keuschheit leben müsse: Aber er machte Sofja weiterhin Kinder – zu deren großem Entsetzen, denn sie dachte zu Recht, daß sie, nachdem er so sehr die Abstinenz gepredigt hatte, sich vor der ganzen Welt blamierten. Zudem wollte Lew auf die Rechte an allen seinen Werken verzichten; nach einem großartigen Kampf schaffte es Sofja, die Rechte an den vor 1881 veröffentlichten Büchern zu bewahren.

Dies alles war von wütenden Sermonen und zornigen Verdammungen begleitet, denn Tolstoj war zu einem intoleranten Fanatiker geworden, der den anderen (vor allem seiner Frau) seine eigenen Fehler vorwarf. In der Tat war er wahnsinnig – und ein kolossaler Schriftsteller, eine weltweit bekannte Figur, und sein Diskurs als verrückter Guru verband sich mit gewissen Anliegen des damaligen verkrampften russischen Milieus: der Kritik am Staat, der Angst vor dem Fortschritt, den primitivsten Träumereien und der Verherrlichung der Bauernschaft. So wurde er zu einem Schamanen, und sein irres Reden wurde von vielen ernst genommen, von seinen Anhängern, die sich Tolstojaner nannten, wie auch vom Zaren und der orthodoxen Kirche, die ihn verfolgten und exkommunizierten.

Mehr als zwei Jahrzehnte lang versuchte Tolstojs Ehefrau, Ordnung und Vernunft in das Delirium zu bringen: »Mein Mann hat absolut alles auf meine Schultern geladen«, schrieb sie hellsichtig in ihr Tagebuch, »die Kinder, das Gut, das Haus, seine Bücher, die wirtschaftlichen Angelegenheiten, den Verkehr mit den Leuten und mit seinen Verlegern, und dann verachtet er mich mit egoistischer und kritischer Gleichgültigkeit, weil ich das alles tue.« Doch wenn der Verrückte nicht für verrückt gehalten wurde, was war sie, Sofja, dann? Nach und nach verlor sie den Boden unter den Füßen. Das wunderschöne Buch *Liebe und Haß* von Shirer reflektiert auf vortreffliche Weise Sofjas langwierige Zermürbung: »Ich glaube, ich verliere langsam den Kopf«, notiert sie angstvoll in ihr Tagebuch. Auch sie wollte sterben. Wenn auch ab und zu wieder der Funke der Liebe übersprang und beide ihre Tagebücher mit Worten voller Leidenschaft füllten. Ihr Leben war ein Sturm.

Im Jahre 1906 standen die Dinge so schlecht, daß, als Sofja schwer an einem Gebärmuttertumor erkrankte und ihr die Ärzte zu einem sofortigen Eingriff rieten, Lew sich weigerte, sie operieren zu lassen. Ja, sicher, er hatte stets Vorbehalte gegenüber Ärzten gehabt, doch jedes Mal, wenn er sich krank fühlte, hatte er sich in die Hände von Spezialisten begeben, so daß dieser Starrsinn gegenüber Sofjas Operation mörderischem Haß oder Egoismus gleichkam. Sofja ging es schlechter: Man stellte eine Bauchfellentzündung fest. Der verzweifelte Chirurg kam mit einem tragbaren Krankenbett nach Jasnaja Poljana und war entschlossen, sie vor Ort zu öffnen. Lew weigerte sich abermals. »Dann stirbt sie!« drängte der Arzt. Lew warf ihm einen vernichtenden Blick zu, doch er konnte nicht anders als nachgeben. Sofja wurde operiert und blieb am Leben.

Eigentlich war es Tschertkow, der ihr das Bett brachte. Tschertkow war ein unheimlicher Mensch, schön und kalt, zwanzig Jahre jünger als Lew, und wurde zum ersten Jünger des Guru, zum Alleinbesitzer des Kredo, tolstojanischer als Tolstoj selbst. Er war ein unerbittlicher und ehrgeiziger Kerl und schaffte es, sich des Willens des Alten zu bemächtigen, der sich wahrscheinlich auf platonische Weise in ihn verliebt hatte. Tschertkow war

Sofjas Hauptgegner: Er wollte Lew für sich haben, und Sofja war ein Hindernis. So säte er Zwietracht und unternahm alles Mögliche, um sie gegeneinander aufzubringen.

1908 übergab Tolstoj Tschertkow seine persönlichen Tagebücher, jene Tagebücher, in denen er die Einzelheiten seines langen gemeinsamen Lebens mit Sofja aufgeschrieben hatte. Da geriet sie in Verzweiflung: All diese Intimität an einen Fremden verraten, oder noch schlimmer, an einen Feind! Sofja glaubte, sie hätte das Recht, diese Tagebücher zu behalten; schließlich waren sie die Entschädigung für ihr ganzes Leben, das sie Lew hingegeben hatte. Und außerdem war da das Problem der Nachwelt: Denn Sofja wußte, daß es eine Nachwelt gab, sie wußte, daß sie mit einem Genie verheiratet war. Und sie hatte Angst, daß Tschertkow diese Tagebücher, Lews beleidigende Aufzeichnungen, gegen sie benutzte, um sie in einem schlechten Licht erscheinen zu lassen (sie bekam Recht: Jahrelang galt Sofja als boshaftes Weib).

Dies alles war bereits schmerzhaft genug, doch es kam noch schlimmer. Tschertkow wollte Testamentsvollstrecker von Tolstojs Werk werden, der Herr über sein geistiges Erbe und sein Andenken, und im Verein mit Sascha, der einzigen Tochter des Grafen, die noch im elterlichen Haus wohnte, eines spröden Mädchens, das seine Mutter haßte, erreichte er, daß der Alte ein geheimes Testament aufsetzte, in dem er seine Ehefrau und seine Kinder enterbte und Tschertkow die Kontrolle über sein Werk verschaffte. All diese Intrigen führten schließlich dazu, den bereits labilen Geist von Sofja vollends zu verwirren: Sie geriet völlig außer sich und wurde von Hysterie und Paranoia ergriffen. Sie sah sich von

Feinden umzingelt, die sich gegen sie verschworen, was zum Teil ja auch stimmte.

Sie wollten also, daß sie verrückt wurde? Gut, einverstanden, aber dann vollkommen wahnsinnig. Sofja begann Lew zu verfolgen, schrie ihn an, quälte ihn, lief fast nackt über die schneebedeckten Felder, legte sich in die Gräben und drohte damit, sich mit Opium und Ammoniak zu vergiften. Sie hatte Lew sehr geliebt, doch nun, in der Endphase ihres Verfalls, machte sie ihre Liebe zur Folter. So vergingen zwei unerträgliche Jahre. Im Oktober 1910 schließlich, gerade einen Monat nach dem 48. Hochzeitstag, floh der alte Lew verzweifelt aus seinem Haus. Als sie davon erfuhr, stürzte sich Sofja in einen eiskalten Teich, versuchte in einen Brunnen zu springen und schlug sich mit dem Hammer auf die Brust.

Fünf Tage später erkrankte Lew schwer an einer Lungenentzündung, während er mit dem Zug auf der Flucht war. Er brannte vor Fieber, und seine Tochter Sascha, die mit ihm unterwegs war, stieg an der ersten Haltestelle aus. Es war ein kleines Dorf namens Astapovo, und mangels Alternativen wurde der Schriftsteller im bescheidenen Haus des Bahnhofsvorstehers einquartiert. Tolstoj ließ Tschertkow rufen, der auch eiligst herbeikam und sich wie ein Geier am Kopfende des Bettes niederließ; doch er benachrichtigte weder Tolstojs Kinder noch seine Frau. Dennoch erfuhr Sofja, wo er war, und kam in aller Eile. Es war unnütz: Ihr wurde nicht erlaubt, den Kranken zu sehen. Es gibt ein erschütterndes Foto: Sofja steht auf Zehenspitzen im Schnee und versucht, durch eines der Fenster des kleinen Hauses Lews Gesicht zu erspähen. Tolstoj starb zwei Tage später; er war zweiundachtzig Jahre alt. Zehn

Minuten vor dem Ende wurde Sofja erlaubt, einzutreten, doch Lew lag bereits im Koma: »Sie haben die Grausamkeit besessen, mich nicht von meinem Ehemann verabschieden zu lassen.«

Sie lebte noch weitere neun Jahre. Nachdem Lew nicht mehr da war, hörte sie auf, verrückt zu sein: Sie verwaltete die Besitztümer der Familie, begann ihre Memoiren zu schreiben, besuchte jeden Tag das Grab ihres Mannes, um ihm Blumen zu bringen, und klagte vier Jahre lang gegen Tschertkow um das Eigentum an Tolstojs Papieren. Und sie gewann. Doch sie erreichte es nicht, zusammen mit ihrem Ehemann begraben zu werden, wie es ihr Wunsch war: Ihre Kinder hielten es nicht für angebracht. Zum Glück starb sie in Unkenntnis dieser letzten Verachtung.

Johanna die Wahnsinnige &
Philipp der Schöne

Es wird gesagt, daß die eifersüchtige und obsessive Art, mit der Johanna die Wahnsinnige liebte, ihr vererbt wurde.

Ihre Mutter Isabella, die große Isabella die Katholische, war von heftiger Leidenschaft zum durchtriebenen Ferdinand ergriffen worden (»sie liebte den König sehr und war maßlos eifersüchtig«, schreiben die Chronisten der damaligen Zeit), und jedes Mal, wenn ihr Gatte sie mit einer anderen betrog, was ziemlich häufig geschah, machte ihm Isabella Szenen voller Wut und Tränen. Und Johannas Großmutter, Isabella von Portugal, Witwe von Johann II., verbrachte die letzten zweiundvierzig Jahre ihres Lebens zurückgezogen im Schloß von Arévalo, wo sie nicht nach ihrem verstorbenen Ehemann, sondern nach einem gewissen Don Álvaro rief, vermutlich Álvaro de Luna, der mächtige Favorit Johanns II., den der König hatte enthaupten lassen. Als Mädchen ging Johanna einige Male mit ihrer Mutter die verwirrte Großmutter besuchen, ohne damals ahnen zu können, daß auch sie – welch unheilvolle Symmetrie des Schicksals – eine ähnliche Zukunft erwartete.

Johanna die Wahnsinnige & Philipp der Schöne

Europa durchlebte damals turbulente, zugleich wunderbare und schreckliche Zeiten. Die großen epischen Unternehmungen gingen mit den hinterlistigsten Intrigen einher, die Träumer mit den Giftmördern, der Aberglaube mit dem wissenschaftlichen Eifer der Renaissance. Es waren die Jahre von Kopernikus, von Leonardo da Vinci, Luis Vives, Erasmus von Rotterdam; aber auch der Borgia und der Einführung der Inquisition. Sicherlich stach unter den Übeltätern unser Ferdinand der Katholische hervor: Er war betrügerisch, hinterlistig, amoralisch und sehr gewandt und war neben Cesare Borgia eines der Modelle, die Machiavelli zu »Il Principe« inspirierten.

Isabella die Katholische, die sehr viel gebildeter als ihr Ehemann war, herrschte über einen aufgeklärten Hof, der dem Glanz der damaligen Zeit nicht nachstand. Sie besaß eine bedeutende Sammlung von Kunstwerken und eine großartige Bibliothek, zu deren Beständen Werke von Titus Livius, Vergil, des heiligen Augustinus oder Boccaccio zählten; außerdem nahm sie hervorragende italienische Humanisten auf und unterhielt eine Musikkapelle. In dieser Umgebung wurde Johanna erzogen und erhielt eine vorzügliche Ausbildung. Mit sechzehn Jahren, als sie mit Philipp von Burgund verheiratet wurde, sprach Johanna fließend Latein, schrieb, tanzte sehr gut und spielte mehrere Instrumente perfekt, unter anderem Klavichord und Monochord. Sie war eine folgsame und gebildete kleine Prinzessin, die schönste von allen Töchtern des Königspaars, laut den Zeitgenossen. Die Bilder zeigen sie heute etwas pausbackig (darin geriet sie nach ihrer Mutter), mit schönen blauen Augen, einem kleinen und vollen Mund, einer zu langen Nase und einem etwas vagen Gesichtsausdruck.

Obwohl auf ihren letzten Porträts ihre Augen immer ängstlicher blicken und in ihnen viel Schmerz und mehr Kraft zu liegen scheinen.

Natürlich kannte Johanna ihren zukünftigen Gatten nicht. Die Hochzeit mit Philipp war nur eine weitere Verbindung, die die Katholischen Könige in ihrer ehrgeizigen Heiratspolitik betrieben. Und so war die älteste Tochter Isabella mit dem Thronerben Portugals verheiratet worden, Katharina mit dem von England; Johann, der einzige Sohn, mit Margarete, der Tochter von Kaiser Maximilian von Österreich, und zuletzt Johanna mit dem Bruder von Margarete, dem Erzherzog Philipp, der damals, nach dem Tod seiner Mutter, bereits Flandern und Burgund regierte. Mit diesem ganzen Durcheinander von Kindern und Ehebetten erhofften sich die Katholischen Könige, daß ihre Nachkommen die Welt beherrschten.

So brach also Johanna 1496 nach Flandern zu ihrer Hochzeit auf, mit einer Flotte von einhundertundzwanzig Schiffen und in Begleitung von fünfzehntausend Mann: Isabella und Ferdinand wollten Eindruck schinden. Sie traf ihren zukünftigen Gatten in einem Kloster in der Nähe von Antwerpen; er war zwei Jahre älter als sie, also achtzehn, und dem Anschein nach waren die beiden sprachlos, kaum daß sie sich sahen. Tatsächlich war die Verbindung auf vier Tage später angesetzt, doch Philipp ließ einen Kaplan kommen, damit er sie auf der Stelle verheiratete und er sofort mit der blonden spanischen Prinzessin ins Bett steigen konnte. Die jugendliche und kerngesunde Johanna (ihre unglaubliche körperliche Gesundheit sollte ihr zum Fluch werden) mußte wohl höchst begehrenswert gewesen sein; Philipp der Schöne seinerseits war nach den heutigen Maßstäben

überhaupt nicht schön: Der Habsburger Jüngling hatte
eine Hängelippe, eine Riesennase und schlaffe Wangen.
Aber er war ein Sportler und ein Lebemann, liebte Turniere, Tänze und Ballspiele. Johanna war natürlich von
ihm entzückt. Es war ein reines Wunder des Fleisches,
denn anfangs konnten sie sich wahrscheinlich in keiner
Sprache gut verständigen.

Von Beginn an fiel Johanna mitten in ein Nest von Intrigen und Interessen, denen sie kaum gewachsen war.
Um die verworrene und lange Geschichte abzukürzen,
sagen wir, daß es in dieser großen Schachpartie, die Europa damals war, mehrere sehr hartnäckige Spieler gab:
Kaiser Maximilian, Ludwig XII. von Frankreich und
die Katholischen Könige. Sie alle waren darauf aus, zu
verhindern, daß jemand von den anderen zu mächtig
wurde, und alle versuchten selbst, zur größten Macht zu
werden; so daß sie Listen erprobten und von einem zum
anderen Tag die Bündnisse wechselten. Und allen war
es, zu Johannas Unglück, wichtig, auf die Treue Flan-
derns zählen zu können.

Die Katholischen Könige drängten ihre Tochter, daß
sie Philipp für die spanischen Positionen gewinnen solle, doch Philipp bestand darauf, sich wegen der Kontrolle Neapels mit Frankreich zu verbünden. Johanna,
die isoliert in Brüssel saß, brav und verliebt, war für
ihre Eltern keine gute Agentin. Sie beugte sich Philipps
Willen und gab sich damit zufrieden, ein schönes Leben
zu leben. Sie bekam bald eine Tochter und wurde ein
weiteres Mal schwanger. Doch die Schwangerschaften
hinderten sie nicht daran, an Festen und Banketten teilzunehmen. Gerade während eines Tanzes spürte sie die
Wehen ihrer zweiten Geburt; sie wurde zu einem Abtritt
gebracht, und an diesem so wenig majestätischen Ort

gebar sie das Kind, das später Kaiser Karl I. werden sollte. Bis zu diesem Zeitpunkt war alles noch einigermaßen im Lot.

Doch dann kam das Unglück über sie. Erst starb Johann, der Erbe der Katholischen Könige, und sein nachgeborener Sohn kam tot zur Welt. Kurze Zeit später verschied die Infantin Isabella bei der Geburt eines Kindes, das seinerseits nur ein paar Jahre lebte. Nach diesen vier zusammenhängenden Todesfällen, die das Scheitern der Heiratspolitik bedeuteten (es starb auch der englische Ehemann von Katharina), verordneten die Katholischen Könige am ganzen Hof absolute Trauer: Daher stammt das alte Bild vom düsteren Spanien. Johanna war nun die Erbin der Throne von Aragon und Kastilien. Dies war ihre Verdammung.

Als seine Frau eine solche Stellung einnahm, sah sich Philipp als Herrscher über Spanien, oder besser gesagt, er sah Spanien bereits dem österreichischen Imperium einverleibt. Doch Königin Isabella war sehr krank, und es war vorherzusehen, daß sie bald sterben würde; und Philipp glaubte nicht, daß König Ferdinand die Krone des mächtigen Kastilien an seine Tochter Johanna abtreten würde. Ein begründeter Verdacht, denn Ferdinand war in der Tat nicht bereit zuzulassen, daß Kastilien seinen Händen entglitt. In diesem Feuer von Ambitionen war Johanna gefangen.

Die Katastrophe begann 1501, als Johanna und Philipp nach Spanien reisten, um sich zu Thronerben erklären zu lassen. Zunächst lief alles offenbar wie am Schnürchen: Die Katholischen Könige begrüßten und verwöhnten ihren Schwiegersohn, als ob sie die reizendsten und harmlosesten Schwiegereltern wären. Doch bald versuchten sie Philipp auf ihre Seite zu ziehen und ihn zu verpflichten, gegen Frankreich Position zu beziehen. Als er sich umzingelt sah, schloß der Erzherzog die Anhänger der Katholischen Könige aus seinem Gefolge aus und verbündete sich mit dem Bischof von Besançon, einem treuen Verteidiger von Ludwig XII. Doch der Bischof erkrankte ungelegenerweise und starb von einem auf den anderen Tag. Philipp, der ihm in seinem Todeskampf beistand, war überzeugt, daß er vergiftet worden war, und da er selbst um sein Leben fürchtete, beschloß er, Spanien so schnell wie möglich zu verlassen.

Da kam Königin Isabella auf die Idee, Johanna gegen ihren Ehemann zu benutzen. Da die Infantin im siebten Monat schwanger war, verbot sie ihr unter dem Vorwand ihres Gesundheitszustands, die Reise anzutreten; und sie verleitete ihre Tochter, sie solle darauf bestehen, daß Philipp nicht abreise. Doch der Erzherzog war erschreckt und entschlossen: Wenn Johanna nicht mitkommen konnte, würde er sie bis zur Geburt zurücklassen. In der Tat brauchte Philipp, nach einem mächtigen Streit mit seiner Frau und dem Abschied von ihr, noch zwei Monate, um aus diesem Land abreisen (oder besser gesagt entfliehen) zu können, denn Ferdinand ordnete an, daß ihm kein einziges Pferd zur Verfügung gestellt werden sollte.

Die Prinzessin war untröstlich. Sie verfiel in ihre erste tiefe Depression, eine Melancholie, die sie stumm und wie geistesabwesend sein ließ. Im März kam die Geburt, die – wie alle anderen – sehr einfach war, und danach begann sie wieder munter zu werden: Die Arme hatte geglaubt, ihre Mutter hätte ihr verziehen, und dachte, daß man ihr nun, da es ihr wieder besser ging, ein paar Schiffe zur Verfügung stellen würde, damit sie nach

Flandern fahren konnte, da sie die Reise nicht über Land durch das feindliche Frankreich antreten konnte.

Doch die Tage vergingen und vergingen; niemand gab ihr klare Antworten, alle behandelten sie wie eine Idiotin. So verstrich der Sommer auf beängstigende Weise, denn diese Monate des schönen Wetters waren die einzigen, in denen das Meer befahren werden konnte, und schließlich kam der Herbst. Zu dieser Zeit war Johanna völlig außer sich: Sie argwöhnte, man habe sie mit dem Einverständnis ihres Gatten entführt, von dem sie glaubte, er würde in Brüssel aufs Geratewohl mit allen Damen ins Bett gehen. Ein Anfall von Paranoia, der insofern begründet war, als sie tatsächlich entführt war, nur nicht von ihrem Ehemann, sondern von ihren Eltern, die entschlossen waren, sie nicht mehr nach Flandern zurückkehren zu lassen.

In der Tat war Johanna im Schloß von La Mota interniert und praktisch gefangengehalten. Sie aß nichts, schlief nicht und wusch sich nicht. Patricia Highsmith, eine Kennerin der obskursten Tücken der menschlichen Seele, sagt, daß in einer Situation unerträglicher Gewalt der Mann tötet und die Frau sich selbst Leid antut. Dies war Johannas Leitgedanke während ihres ganzen unglücklichen Lebens: Sie nötigten sie, sie mißhandelten sie, sie manipulierten sie in unvorstellbaren Maßen, und angesichts dieser ganzen Gewalt konnte sie nur eines – sich selbst verletzen und sich dem Tode überlassen. Freilich war sie so kräftig, daß sie nicht starb, und dies verlängerte auf unsägliche Weise ihre Tortur.

Im Schloß von La Mota erreicht sie ein Brief von Philipp, in dem der Erzherzog sie bittet, sofort zu ihm zurückzukehren. Also hatte ihr Ehemann nichts mit der Verschwörung zu tun! Glücklich und voller Energie gibt

Johanna Anweisung, alles für die Reise vorzubereiten. Bischof Fonseca inhaftiert sie im Namen von Königin Isabella: Er muß Gewalt anwenden, ihr die Pferde wegnehmen, die Zugbrücke hochziehen und die Tore schließen, denn Johanna ist entschlossen wegzugehen, notfalls zu Fuß. Johanna, die Königin von Flandern und Erbin des Thrones von Aragon und Kastilien, hat niemanden in ihrer Umgebung, der ihr hilft. Niemand gehorcht ihr: Sie ist eine Gefangene. Sie weint, sie schreit, sie kratzt, sie beleidigt Fonseca, sie weigert sich, auf ihr Zimmer zurückzugehen. Es ist November, und sie verbringt die ganze Nacht ohne Mantel im eiskalten Hof. Das ist ihr einziges Protestmittel, das sie hat. Wegen all dieser so natürlichen Verzweiflungstaten wird sie als wahnsinnig betrachtet.

Und wieder überfallen sie Depressionen, Anfälle von Geistesabwesenheit. Schließlich, nach Monaten der Agonie, kommt ein Abgesandter Philipps mit dem festen Auftrag, sie mit sich zu nehmen. Die Katholischen Könige hatten keine andere Möglichkeit mehr, als sie ziehen zu lassen. Anderthalb Jahre war Johanna von ihrem Gatten getrennt gewesen.

Doch das Leiden hatte unauslöschliche Spuren hinterlassen, und die Situation trug nicht dazu bei, den Zustand der Prinzessin zu verbessern. Als sie nach Brüssel zurückkehrte, fand sie Philipp verändert vor: Er war in eine Hofdame, eine schöne Flämin, verliebt. So war also ihr schlimmster Alptraum Wirklichkeit geworden. Eines Tages überraschte Johanna die Dame mit einem Liebesbrief und verlangte, sie solle ihn ihr geben. Doch die Hofdame fühlte sich stark genug, sich ihrer Königin zu widersetzen, und anstatt ihn ihr zu geben, verschluckte sie ihn. Daraufhin stürzte sich die Spanierin auf sie, schnitt ihr die Zöpfe ab und zerkratzte ihr mit einer Schere das Gesicht. Als Philipp davon hörte, verprügelte er Johanna.

Von da an begann Philipp, seine Frau immer offener zu betrügen und zu kränken, und Johanna war umgekehrt zunehmend von ihm besessen. Der Erzherzog sperrte sie wochenlang in ihren Gemächern ein, und sie schlug die ganze Nacht gegen die Wand, um ihm seine Eroberungen zu verdrießen. Doch ab und zu schliefen sie noch miteinander, und sie gebar weiterhin Kinder. Insgesamt bekam sie sechs, die alle so gesund waren, daß sie erwachsen wurden, was für die damalige Zeit ein wirklicher Rekord war. Um seine Untreue zu entschuldigen, ließ Philipp einen spanischen Höfling ein Tagebuch voll mit Johannas exzentrischen Taten bringen und schickte es an die Katholischen Könige. Es gibt keine Exemplare dieses Tagebuchs mehr, doch es muß wohl sehr aufschlußreich gewesen sein, denn Ferdinand benutzte es, um seine Tochter für wahnsinnig erklären zu lassen und selbst die Regentschaft zu übernehmen. Während dieser ganzen Zeit war die Prinzessin Objekt verschiedener Manöver von seiten Ferdinands und Philipps, die versuchten, sie Briefe und Erklärungen gegen den jeweils anderen unterschreiben zu lassen, was bei ihr zu mehr Besorgnis und geistiger Unruhe führte. Für eine Wahnsinnige, die sie sein sollte, hielt sie sich inmitten des Tumults bewundernswert gefaßt und war im wesentlichen König Ferdinand treu ergeben, diesem Vater, der nie die geringste Zurückhaltung hatte, wenn es darum ging, sie zu verraten.

Nach Isabellas Tod kam Philipp sofort nach Spanien, um Anspruch auf den Thron zu erheben. Wie es natürlich ist, kam er zusammen mit Johanna, obwohl die

Prinzessin so sehr von Eifersucht verzehrt wurde, daß sie, als sie in Rotterdam das Schiff betrat, die Bedingung stellte, es solle keine einzige Frau an Bord sein. Bereits in Spanien vereinbarte Philipp mit Ferdinand, Johanna für unmündig zu erklären, und von da an hätte sich zwischen beiden ein Krieg um die Macht entfesselt, wenn der Erzherzog in Burgos nicht schwer erkrankt wäre. Johanna ließ sich sogleich am Kopfende seines Bettes nieder und pflegte ihn mit selbstloser Hingabe. Da Philipp fürchtete, sie würde ihn vergiften (so quälerisch und so unheilvoll hatte sich die Beziehung entwickelt), trank sie große Schlücke von seiner Medizin, obwohl sie im fünften Monat schwanger war. Doch alle Vorsichtsmaßnahmen waren umsonst: Nach sechs Tagen Fieber starb Philipp. Es heißt, Johanna schien nicht erschüttert gewesen zu sein. Sie zeigte auf diese Weise ihr Leiden, in dieser Art autistischer Erstarrung.

Von hier an überstürzte sich die Legende des leidenschaftlichen Wahnsinns. Zum einen wird erzählt, daß Johanna den Prinzen, der im Kartäuserkloster von Miraflores beigesetzt worden war, ausgraben ließ und ihn jede Woche besuchen kam, den Sarg öffnete, das Leichentuch löste und ihm die Füße küßte (zum Glück war er einbalsamiert). Und später, als die Pest sie zwang, Burgos zu verlassen, soll sie Philipps Leichnam mit sich genommen und ihn zwei Jahre lang in einem schäbigen Trauerzug durch halb Spanien geführt haben, wobei sie immer nachts unterwegs war und tagsüber schlief.

Erstens stimmt es nicht, daß Johanna jede Woche nach Miraflores kam, um dem Leichnam die Füße zu küssen: Sie war nur zweimal dort und öffnete den Sarg, weil sie Angst hatte, der Leichnam sei geraubt worden. Und zweitens, wenn sie beschloß, mit dem Toten nach

Granada aufzubrechen, um ihn dort zu begraben, dann deswegen, sagt der Biograf Michael Prawdin, weil Königin Johanna in Andalusien ihre größten Anhänger, ihre treuesten Adligen hatte. Sie wußte, daß Kardinal Cisneros und König Ferdinand sie entmündigen und einsperren lassen wollten, und versuchte vor ihnen zu fliehen. Doch sie hatte unterwegs eine Geburt, und ihre Feinde nahmen sie gefangen. Von da an verweigerte sie systematisch, irgendein Schloß oder eine ummauerte Stadt zu betreten, da sie wußte, wie sie enden würde. So wie sie sich ebenfalls weigerte, ihrem Vater die Macht zu überlassen: Sie wollte Königin sein. Doch nach zwei Jahren, in denen sie alleine und bedrängt, von Spionen umzingelt und auf pathetische Weise von Philipps Leichnam begleitet war, gelang es Ferdinand, sie im Schloß von Tordesillas zu internieren. Johanna war neunundzwanzig Jahre alt.

Diesen Ort sollte sie nicht mehr verlassen. Sie war offiziell weiterhin Königin, und das Volk liebte sie, und das war gefährlich, deshalb war ihre Haft strenger. Lange Jahre lebte sie eingesperrt in nur von ein paar Kerzen beleuchteten Alkoven ohne Tageslicht, damit sie nicht aus dem Fenster schauen und um Hilfe rufen konnte. Ihre Kerkermeister hatten die Erlaubnis, ihr »Strick« (sie zu fesseln?, auszupeitschen?, sie zu foltern?) und »Belohnungen« (Zwangsmittel, Gewalt) zu geben. Als König Ferdinand starb, wurde ihr diese Nachricht vorenthalten, damit sie es nicht wagte, ihren Platz auf den Thron zu fordern. Sie erfuhr erst mehrere Jahre später vom Tod ihres Vaters, als der Aufstand der Comuneros gegen die flämische Tyrannei von Karl I. stattfand. Padilla und die anderen Rebellen kamen nach Tordesillas, um sich in den Dienst der Königin zu stellen, die damals einundvierzig Jahre alt war und sehr vernünftig zu sein schien. Johanna unterstützte die Comuneros, doch da sie zu ihrem Sohn loyal war, nicht mit ihrer Unterschrift. Dies bedeutete das Scheitern der revolutionären Bewegung. Daraufhin brach das demokratische und mächtige System der kastilischen Kommunen für immer zusammen, von der autoritären und zentralistischen Ordnung des Reichs zerschlagen. Und die Tore zur Welt schlossen sich für Johanna wieder.

Dort drinnen blieb sie vollkommen allein und verzweifelte, als sie sah, daß sich ihre Tortur und ihre Haft erneuerten. Ihre außergewöhnliche Gesundheit ließ sie Jahr um Jahr durchhalten, natürlich immer mehr von Sinnen. Die letzte offizielle Königin in der Geschichte Spaniens starb Ende des Jahres 1555, von der Hüfte abwärts gelähmt und von schrecklichen Gangränschmerzen heimgesucht. Sie war siebenundsiebzig Jahre alt und hatte die letzten siebenundvierzig Jahre in Tordesillas eingesperrt verbracht. Gegenüber des Schlosses, im Kloster von Santa Clara, lag die sterbliche Hülle ihres Ehemanns. Unbestattet.

Oscar Wilde & Lord Douglas

Oscar Wilde &
Lord Douglas

1890 betrat ein dicker und blasser Riese ein Pariser Café, ging zum Leiter der kleinen Kapelle, die das Lokal unterhielt: »Ich schreibe gerade ein Drama; es geht um eine Frau, die barfüßig im Blut eines Mannes tanzt, den sie erst um etwas gebeten und dann umgebracht hat«, erklärte er mit ausgesuchter Höflichkeit. »Spielen Sie mir doch bitte ein dazu passendes Stück.« Die Musiker, die schließlich Pariser Fin-de-siècle-Gestalten waren, folgten der Bitte und interpretierten ein so wildes und schauriges Stück, daß die Gäste des Cafés entsetzt verstummten. Der große Kerl hörte die Melodie mit offensichtlicher Zufriedenheit und kehrte schließlich auf sein Zimmer zurück, um weiterzuschreiben. Es handelte sich um Oscar Wilde, und das Werk war *Salomé*.

Zur damaligen Zeit war Wilde ein höchst unschuldiger Freigeist, der noch nicht Lord Douglas kannte, den Mann, der sein Verderben und Martyrium werden sollte; doch er ahnte bereits den schrecklichen Abgrund der Leidenschaft. Salomé küßt den enthaupteten Kopf des Täufers, und seine Lippen schmecken bitter: Das ist der Geschmack des Bluts und der Liebe. Diese zerstörerische Fähigkeit des Liebens begleitet Wilde ein Leben lang; viel später, nachdem er alles verloren hat, wird Wilde die erschütternde *Ballade vom Zuchthaus zu Reading* schreiben, sein letztes Werk, das auf der authentischen Geschichte von Charles Woolridge beruht, einem Mitglied der königlichen Reitergarde, der seine Ehefrau tötete und im Zuchthaus von Reading hingerichtet wurde, als Wilde dort seine Strafe verbüßte: »Jeder tötet, was er liebt.«

Oscar Wilde wurde 1854 in Dublin geboren. Sein Vater, Sir William Wilde, war ein berühmter Augen- und Ohrenchirurg, außerdem ein folkloristischer Schriftsteller. Seine Mutter, Lady Jane, war eine geniale Dichterin (sie veröffentlichte unter dem Pseudonym Speranza). Mit ihrer Größe und ihrer intelligenten Exzentrik unterhielt Speranza einen Gesellschaftssalon ersten Ranges. Ein Gast lobte eines Tages jemanden als ehrbar, und Speranza antwortete mit dieser typisch Wilde'schen Gewitztheit: »Eine solche Bezeichnung ist in diesem Hause nicht statthaft. Nur Kaufleute sind ehrbar: Wir sind über die Ehrbarkeit erhaben.« In dieser geistigen Atmosphäre wuchs Oscar auf: kühn und mutig, ein glücklicher Grenzgänger. »Aus mir wird einmal ein Dichter, ein Schriftsteller, ein Dramatiker«, sagte er mit knapp zwanzig Jahren. »Auf irgendeine Weise werde ich berühmt – und wenn nicht berühmt, dann zumindest berüchtigt.« Ein schrecklicher Fluch, der Fluch des erfüllten Schicksals.

Er war von klein auf ein seltsamer Vogel. Zuerst wegen seines Aussehens: so groß, so schwach, so blaß, mit diesem zarten und weichen Fleisch und diesem so dicken Hintern (auf den er zugleich stolz war). Wenn man seine Gesichtszüge voneinander isoliert betrachtet, so könnte man sie als schön bezeichnen: den großen und sinnlichen Mund, die markante Nase, die verträumten Augen. Doch im ganzen weist sein Gesicht eine fatale Unförmigkeit auf, einen körperlichen Fehler, eine Monstrosität. Diese beunruhigende Mischung aus Scheußlichkeit und Schönheit war für sein Leben sinnbildlich.

Statt an seiner Andersartigkeit zu verzweifeln, wuchs Oscar, mit der Unterstützung seines Talents und sicherlich der Stärke seiner Mutter, an ihr und erschuf sich selbst als öffentliches Spektakel. Als er noch Student war, trug er sehr lange Haare, kleidete sich auf ganz unkonventionelle Weise und verhielt sich ziemlich extravagant. Seine Studienzimmer in Oxford waren voll von Lilien und blauem Porzellan: »Es fällt mir von Tag zu Tag schwerer, auf dem hohen Niveau meines blauen Porzellans zu leben.« Manchmal mußte er sich mit Fausthieben gegen den Spott seiner dümmsten Kommilitonen zur Wehr setzen, doch er war ein eleganter, reizender und lebenslustiger Junge. Er hatte viele Freunde dank seiner liebenswürdigen und großzügigen Art, und er gewann alle akademischen Auszeichnungen in seinem Fach, Griechisch und klassische Kultur. Als Elefant und Außenseiter, der er war, verstand er es, erfolgreich zu sein.

Laut Richard Ellmann, Autor einer blendenden Biografie über Oscar Wilde, kam Oscar mit Syphilis aus Oxford zurück. Zwei Jahre lang kurierte er sich mit Quecksilber, wie es damals üblich war, wovon er schwarze Zähne bekam und nicht gesund wurde (auch wenn er es glaubte). Oscar, der lange Zeit sexuelle Beziehungen mit Frauen (und nur mit Frauen) pflegte, hatte sich bei einer Prostituierten infiziert. Während er Oden an die Beine der griechischen Frauen schrieb, tauschte er mit einigen Männern (darunter dem Dichter Walt Whitman) Zärtlichkeiten aus, doch bis zum Alter von dreißig Jahren blieb es bei Küssen. Wahrscheinlich traute er sich nicht: Die viktorianische Gesellschaft, in der er lebte, war furchtbar puritanisch und reaktionär homophob. Er hatte ein paar Freundinnen (oder so etwas Ähnliches), bevor er mit neunundzwanzig Jahren Constance Lloyd, eine schöne, intelligente und loyale Frau, heiratete, die drei Jahre jünger war als er.

Angeblich war Oscar zu Beginn seiner Ehe sehr verliebt und glücklich, auch weil er glaubte, von der Homosexualität erlöst zu sein: Das orthodoxe Leben war doch bequemer. Er bekam sogleich zwei Kinder von Constance, für die er herrliche Märchen schrieb. Doch die Mutter und Ehefrau wurde für ihn allmählich zu einem unerträglichen Sexualobjekt: »Als ich damals geheiratet habe, war meine Frau noch ein schönes Mädchen, blaß und schlank wie eine Lilie … Doch nach ungefähr einem Jahr war der blumengleiche Zauber völlig dahin. Sie wurde füllig, unförmig, häßlich. Unsagbar elend, mit verzerrtem, fleckigem Gesicht und schrecklich entstelltem Körper schleppte sie sich durchs Haus, eine Kranke dank unserer Liebe.« Auf irgendeine Weise erreichte er es, daß Constance das Ende ihrer sexuellen Beziehungen akzeptierte (Ellmann meint, Oscar habe sie davon überzeugt, daß er an einem Rückfall von Syphilis litt). Doch sie verstanden sich weiterhin gut, lebten zusammen und mochten sich gern. Kurze Zeit später verführte Robert Ross, ein siebzehnjähriger Junge, der bereits sexerfahren war, den »naiven« Wilde und nahm ihn mit ins Bett. Das war 1886, und Oscar war zweiunddreißig Jahre alt. Als der erste Rausch vorüber war, wurde Robert zu seinem besten Freund.

Während ihm der Sex mit Frauen schmutzig vorkam, enthielt die männliche Liebe für Oscar die ganze Schönheit und Transzendenz. Denn Oscar war, im Gegensatz zu dem, was er selbst vorgab und über ihn verbreitet wurde, ein durch und durch spiritueller Mensch, fast ein Mystiker. Dem Anschein nach verherrlichte Oscar das Triviale, doch im Grunde war er von einer außergewöhnlichen Innerlichkeit. Er war der Prophet des Ästhetizismus, doch unter der Ästhetik verbarg sich für ihn die Ethik. Wie viele andere Intellektuelle des Fin de siècle hatte Oscar entdeckt, daß Gut und Böse nicht das waren, was die Orthodoxie behauptete. Deshalb findet sich in seinen Epigrammen und in seinen Theaterstücken ständig eine Anprangerung der gesellschaftlichen Heuchelei und eine Solidarität mit den Opfern. Oscar Wildes Größe wurzelt in seinem Verständnis des Menschlichen.

Für seine Zeitgenossen war er viele Jahre lang nichts als ein Phantast. Man spottete über seine Kleidung (samtene Kniehosen, Strumpfhosen aus schwarzer Seide, Tanzschuhe aus Lack, mit Otterfell gesäumte Mäntel), seine Dreistigkeit und seine provokativen Äußerungen. Tatsächlich war Oscar ein wunderbar scharfsinniger Konservativer und wurde, obwohl er noch sehr jung war, berühmt (oder besser gesagt: berüchtigt). Mit den Jahren brach sich sein Talent unweigerlich Bahn, trotz des Hasses, den die Spießbürger auf ihn hatten. Er wurde in Frankreich bekannt, wo er sich mit der Dekadenzdichtung identifizierte; und ab 1891 führte er in London mit wachsendem Erfolg vier Theaterstücke auf, um schließlich mit seiner letzten Komödie *Bunbury oder Die Bedeutung, ernst zu sein* den völligen Siegeszug zu erlangen. Dieses Werk wurde im Februar 1895 uraufgeführt und erhielt fabelhafte Kritiken. Drei Jahre später mußte Wilde ins Gefängnis.

Alles hatte 1891 begonnen: Damals lernte Oscar Lord Alfred Douglas kennen. Bosie, wie ihn alle nannten, war einundzwanzig Jahre alt, Oscar siebenunddreißig. Alfred war schwach, egoistisch, eitel, schamlos, gewalttätig und boshaft. Er war blond und hatte große blaue Augen, doch nach den Fotos von Juliet Gardner zu urteilen, taugte er nicht viel. Auf den Bildern posiert er mit einem traurigen Gesicht eines jungfräulichen Märtyrers à la Jeanne d'Arc, so gierig nach Heldentum, vor allem wenn die Folter auf andere angewandt wird. So war es. Er war nicht einmal den Staub von Oscars Schuhen wert, doch was bedeutet das schon? Die Liebe ist nichts anderes als der Wunsch zu lieben. Und Oscars Wille war erschütternd, tragisch, total.

Im Jahr 1892 war Oscar gefangen: »Bosie ist ganz wie eine Narzisse – so weiß und golden … Er liegt wie eine Hyazinthe auf dem Sofa, und ich bete ihn an.« Doch der engelhafte Bosie war eine Narzisse von mäßiger Reinheit; er war es, der Oscar in eine Welt von Strichjungen, Erpressern und jungen Lumpen einführte. Oscar war trotz seiner Neigung zu Skandalen und seiner Dekadenz in Wirklichkeit ein Unschuldiger, eine Art riesiges Kind. Er hatte ein weiches Herz und eine naive Seele, was ihn zum perfekten Opfer für einen Perversen machte. Und Bosie war einer: »Dein Fehler ist nicht, daß du zu wenig vom Leben weißt«, warf Oscar Bosie vor, »sondern, daß du zuviel weißt.«

Bosie ließ Oscar die Hölle erleben: Er schrie ihn an, er mißhandelte ihn, er ließ ihn nicht arbeiten, er nahm die ganze Zeit seines Lebens in Anspruch. Da er Exhibitionist war, zwang er Oscar, sich vor ganz London zur

Schau zu stellen, was den nachfolgenden gefährlichen Skandal provozierte. Zudem brachte er ihn dazu, für ihn und für Strichjungen Geld auszugeben, das er nicht hatte: »Ich weiß noch sehr gut, wie reizvoll es war, Oscar um Geld zu bitten«, erklärte Bosie in seinen Memoiren, »es war für beide von uns eine süße Demütigung und ein exquisites Vergnügen.« Es war eine krankhafte, zerstörerische Beziehung. Oscar versuchte mehrmals, seinen Geliebten zu verlassen; bei einer Gelegenheit überredete er sogar Alfreds Mutter, ihn für einige Monate nach Ägypten zu schicken, um ihn loszuwerden (was sie auch tat); doch Bosie bombardierte Oscar mit Telegrammen, Briefen und Bitten. Er verlangte sogar von Constance, sich für ihn einzusetzen, und als dies alles nichts half, drohte er damit, sich umzubringen (Suizidfälle gab es einige in seiner Familie). So ließ sich Oscar schließlich erweichen.

Lord Alfred Douglas war der Sohn des Marquess von Queensberry, eines griesgrämigen und halb verrückten Kerls. Alfred und sein Vater haßten sich, und der Junge benutzte Oscar in seinem Kampf gegen den Marquess. Eines Tages traf Queensberry seinen Sohn mit Oscar in einem Café. Damals war die Beziehung in ganz London bekannt; jemand hatte einen Schlüsselroman *Die grüne Nelke*, veröffentlicht, in dem er Alfred und Oscar mit fiktiven Namen beschrieb. Der älteste Sohn des Marquess hatte sich das Leben genommen, nachdem er wegen seiner Homosexualität erpreßt worden war. All dies wühlte Queensberry verständlicherweise sehr auf; so schrieb er also einen Brief an seinen Sohn, in dem er ihm sagte, er solle entweder aufhören, Wilde zu treffen, oder er würde ihn enterben. Vor dem bestürzten Oscar antwortete Bosie auf diesen mehr oder weniger gemäßigten

Brief mit einem Telegramm, in dem stand: »Du bist ein
lächerlicher Zwerg.« Der Krieg hatte begonnen.

Fünfzehn Tage nach der Uraufführung von *Bunbury
oder Die Bedeutung, ernst zu sein* hinterließ der Marquess
in Oscars Club eine Karte, auf der stand: »Für Oscar
Wilde, den posierenden Somdomiten (sic) (oder der als
Somdomit posiert)«. Oscar Wilde wurde im Laufe seines
berüchtigten Lebens vieles nachgesagt; er wurde un-
zählige Male beleidigt und gekränkt, und er hatte nie
die Dummheit besessen, darauf zu antworten. Doch in
diesem Fall beschloß er, den Marquess wegen Diffamie-
rung anzuzeigen, weil er zweifellos durch Bosies Zorn
gegen dessen Vater angetrieben und außer Fassung
geraten war (Bosie überschüttete Oscar mit Briefen, in
denen er ihn als Feigling bezeichnete).

Daß die Klage ein Fehler war, wußten alle vom ersten
Moment an. Oscars Freunde rieten ihm, er solle nach
Frankreich fliehen, und Bosie legte sich mit ihnen wut-
entbrannt an: Er wollte nicht, daß Oscar wegging. Wie
zu befürchten war, kamen beim Prozeß alle intimen Details ans Licht: glühende Liebesbriefe, Kontakte mit
Jungen, zweifelhafte Aufenthalte in Hotels. Am 5. April
1895 entschied das Geschworenengericht, daß Queensberry unschuldig war: Der Saal brach in tosenden Beifall
aus. Am selben Nachmittag wurde Wilde verhaftet und
ins Zuchthaus überstellt: Er sollte wegen unzüchtigen
Verhaltens verurteilt werden.

Alle Freunde von Oscar flohen nach Frankreich, sein
Haus wurde gepfändet, seine Bücher verschwanden
aus den Buchhandlungen, sein Name wurde aus dem
Theater verbannt, in dem *Bunbury oder Die Bedeutung,
ernst zu sein* gespielt wurde, seine Frau änderte ihren
Nachnamen und den ihrer Kinder (die Oscar nie wie-

dersah), wenn sie auch Oscar schließlich verzieh und ihm sogar eine lebenslange Rente zukommen ließ. Innerhalb von zwei Monaten fanden zwei Prozesse gegen Wilde statt: niederträchtig, schäbig und entsetzlich. Vor Gericht erschienen die Zuhälter, die Erpresser und die Zimmermädchen aus den Hotels, die die Flecken auf den Bettlaken bezeugten. »Das ist der widerwärtigste Fall, den ich jemals verhandelt habe«, sagte der Richter Wills; und er beklagte sich, daß er keine höhere Strafe verhängen konnte. Er verurteilte Oscar Wilde zu zwei Jahren Zwangsarbeit. Und dies nur, weil er homosexuell war.

Damals, vor der Gefängnisreform, waren die englischen Zuchthäuser absolut unmenschlich; ein Mann mit der Sensibilität von Wilde, den Schönheit zum Weinen brachte, sah in diesem Umfeld seinem Untergang entgegen. Seine Zelle war vier mal zweieinhalb Meter groß, und in ihr verbrachte er dreiundzwanzig Stunden am Tag in völliger Einsamkeit. Er schlief auf einer Pritsche ohne Matratze; er verfügte über keine Bücher und auch über kein Schreibpapier. Ihm war es verboten, mit anderen Gefangenen zu sprechen, und drei Monate lang war er in Isolationshaft, ohne Besuche oder Briefe. Er wurde von einem Gefängnis zum anderen verlegt; eine halbe Stunde lang ließen sie ihn in Handschellen und in Gefängniskleidung im Regen auf dem Bahnsteig eines Bahnhofs stehen, während die Leute um ihn herum zusammenliefen und über ihn lachten: »Ein ganzes Jahr lang, nachdem man mir das angetan hatte, weinte ich täglich zur gleichen Stunde gleich lang.« So vollzog sich Tag für Tag der grausame Prozeß der Zerstörung eines Menschen: »Niemals hätte ich mir eine solche Grausamkeit vorstellen können.« Seine Mutter starb, während er im Gefängnis saß, und sie konnten nicht voneinander Abschied nehmen.

Währenddessen trieb Alfred in Frankreich sein Unwesen: Er versuchte, in einer Zeitung die leidenschaftlichen Liebesbriefe zu veröffentlichen, die Oscar ihm während des Prozesses geschrieben hatte (was dem Schriftsteller nur noch mehr schaden konnte). Da wurde Oscar spätestens klar, daß Bosie schamlos und hinterhältig war: »Ich bin die letzten drei Jahre über geradezu verrückt gewesen, und wenn ich Douglas noch einmal zu Gesicht bekomme, bringe ich ihn um.« Bosie wurde von den Freunden des Schriftstellers unter Druck gesetzt und veröffentlichte die Briefe nicht, dafür aber einen pompösen Artikel: »Heute bin ich stolz, daß ich von einem großen Dichter geliebt wurde, einem Dichter, der mich schätzte, weil er erkannt hatte, daß ich außer einem schönen Körper auch eine schöne Seele besitze.«

Als Oscar genau zwei Jahre nach seiner Verurteilung aus dem Gefängnis entlassen wurde, war er krank und gebrochen. Seine Freunde beschlossen, ihn nach Frankreich zu bringen, und sammelten Geld für ihn. Zuerst wollte Oscar Bosie nicht sehen, doch dieser überschüttete ihn mit hysterischen Briefen, und vier Monate nachdem er seine Freiheit wiedererlangt hatte, traf sich Oscar mit Bosie in Rouen: »Alle sind wütend auf mich, weil ich zu dir zurückkehre, doch sie verstehen uns nicht«, sagte der arme Oscar und malte die gemeine Persönlichkeit seines Geliebten wieder mit den glänzenden Farben seiner Einbildung aus. Doch dieses Mal war es nicht mehr wie früher; Oscar war nicht mehr der Erfolgsautor, sondern ein geschlagener Mann, ein Aussätziger. Er schmückte nun nichts mehr, so daß Bosie ihn nach kurzer Zeit verließ: »Als mein Geld zu Ende war, ging er weg«, schrieb Oscar einem Freund: »Das ist natürlich die bitterste Erfahrung eines bitteren Lebens.«

Danach vegetierte Oscar noch ein paar Jahre mit der mageren Rente vor sich hin, die ihm die treue Constance zukommen ließ; doch er war am Ende, er konnte nicht mehr schreiben, er hatte jeden Gefallen am Leben verloren. Im Herbst 1900 verschlimmerte sich bei ihm eine schmerzhafte Ohrenentzündung (ein Leiden, das er sich im Gefängnis zugezogen hatte), die auf die Hirnhaut übergriff. Er litt sehr: »Ich wußte nicht, daß es so schmerzhaft ist zu sterben: ich dachte, das Leben hätte alle Agonie auf sich gezogen.« Er starb in den Armen des treuen Robert Ross, mit sechsundvierzig Jahren und in äußerster Armut: »Ich sterbe über meinen Möglichkeiten.« Lord Douglas, genannt Bosie, kam herbeigestürzt, als der Sarg bereits geschlossen war, um ein Spektakel anzuführen: »Bei den Feierlichkeiten war ich der Hauptleidtragende«, brüstete er sich in seinen Memoiren. Es fehlte nur noch, daß er barfuß in Oscars Blut getanzt hätte.

Liz Taylor & Richard Burton

Liz Taylor &
Richard Burton

Die Legende besagt, daß am Tag, als Liz Taylor und Richard Burton ihre erste Liebesszene in *Kleopatra* drehten, die Filmkulisse sich vor lauter Begierde entzündete: »Man konnte fast die elektrische Spannung zwischen ihnen spüren.« Danach war für alle klar, daß beide Schauspieler, jeder von ihnen verheiratet und mit Kindern, eine explosive Romanze hatten. Wenn in den folgenden Wochen bei den Liebesszenen »Schnitt!« gerufen wurde, dann blieben beide ineinander verschmolzen, in einer stürmischen Umarmung, als ob um sie herum nichts existieren würde. »Ich fühle mich wie ein ungebetener Gast«, beklagte sich Mankiewicz, der Regisseur.

Jene Dreharbeiten waren eine Katastrophe: Die Fristen wurden nicht eingehalten, die Kosten schossen in die Höhe, das Drehbuch war noch nicht fertig, und der Regisseur stopfte sich mit Amphetamin voll. *Kleopatra* war bis dato der teuerste Film in der Kinogeschichte und auch der größte Mißerfolg: Die Produzentin, die mächtige Fox, ging bankrott. Inmitten dieses Desasters begann die turbulente Geschichte von Taylor und Burton. Genaugenommen war dies ein angemessener Rahmen und ein Warnsignal für zukünftige Verheerungen zugleich.

Fangen wir mit ihm an. Richard Burton wurde 1925 in Wales geboren, als zweitjüngstes von dreizehn Kindern eines alkoholsüchtigen Bergarbeiters. Der Großvater hatte auch im Bergwerk gearbeitet, doch er wurde Invalide. Er hatte beim Pferderennen eine beträchtliche Summe mit einem Gaul namens Black Sambo gewonnen und ging in einen Pub, um zu feiern. Als er betrunken wie eine Haubitze wieder herauskam, stürzte er sich mit seinem Rollstuhl bergab und rief: »Hü, Black Sambo!« Er prallte gegen eine Mauer und starb auf der Stelle. Kurz und gut, es war ein furchtbares, aber irgendwie auch literarisches Milieu, mit den Bergarbeitern, die bis zur Besinnungslosigkeit tranken und Gedichte von Shakespeare rezitierten. Die Mutter starb, als Richard zwei Jahre alt war, und der Junge wurde von Cis, einer älteren Schwester, und deren Ehemann großgezogen. Cis vergötterte ihn, der Ehemann nicht. Es war eine schwierige Kindheit, wahrscheinlich so unauslöschlich wie das Brandmal eines glühenden Eisens.

Richard fiel immer durch seine Intelligenz auf; zudem besaß er einen mächtigen Körperbau, der Frauen wie Männer anzog. Er war klein, aber kräftig und hatte durchdringende Augen. Er las viel, bis zu zwei oder drei Bücher an einem Tag. Er trank auch viel: Als Jugendlicher hielt er den erstaunlichen Rekord, einen Liter Bier in zehn Sekunden hinunterzustürzen, und als er älter war, soff er in den schlimmsten Zeiten drei Flaschen Wodka am Tag. Wenn er nicht betrunken war, brillierte er durch Bildung und bezauberte durch seinen Charme. Wenn er sich aber gehen ließ, wurde er gewalttätig, streitsüchtig und abscheulich. Manchmal kam diese Seite auch ohne Alkoholeinfluß zum Vorschein: Er fiel immer wieder in schwarze depressive Löcher, Momente, in denen er sich selbst haßte.

Glänzend wie er war, wenn er glänzte, schaffte es Richard jedoch, daß Phillip Burton, ein renommierter Professor und Intellektueller, auf ihn aufmerksam wurde und ihn als Sohn adoptierte. Er gab ihm seinen Nachnamen und ermöglichte ihm ein Studium an der ausgezeichneten Universität von Oxford. Es war auch Phillip Burton, der Richards darstellerische Fähigkeiten erkannte und ihn zum Theater brachte. Mit seiner unnachahmlich rauhen Stimme erlangte Richard sofortigen Erfolg. Der junge Burton genoß sein Glück, warf das Geld zum Fenster hinaus, ging mit allen Frauen ins Bett, die er bekommen konnte (obwohl er mit Sybil, einer Waliserin verheiratet war), trank wie ein Schiffbrüchiger, der gerade von einem Floß gerettet wurde, und sah die Schauspielerei nie als etwas allzu Ernstes und Definitives an. Was ihn in seinem Leben wirklich reizte, war, Schriftsteller zu werden. Melvyn Bragg, der Autor einer interessanten Biografie über Richard Burton, bringt viele beeindruckende Auszüge aus dessen Tagebüchern: Er konnte sehr gut schreiben, veröffentlichte in seinem Leben aber gerade mal ein paar Artikel und wenige Erzählungen. Vielleicht hatte er zu hohe Ansprüche.

Was sie betrifft: Elizabeth Taylor wurde 1932 in London geboren. Die Mutter war eine gescheiterte Schauspielerin; der Vater Kunsthändler. Liz war als Neugeborene recht häßlich: Sie hatte eine Drüsenstörung und war überall mit schwarzen Haaren bedeckt. Doch bald wurde sie zu einer außergewöhnlichen, ja, bedrohlichen

Schönheit. Mit vier Jahren hatte sie dasselbe Gesicht wie später als Erwachsene, und ihre Fotos erwecken den Eindruck eines gealterten Mädchens.

Ab ihrem achten oder neunten Lebensjahr bemühten sich ihre Eltern mit unerbittlicher Gier nach Geld und Ruhm, ihr Kind zu einem Kinostar zu machen. Sie zwangen sie, sich bei Musikaufführungen lächerlich zu machen – obwohl Liz nicht singen konnte, sollte sie vorsingen, und bei Schauspielprüfungen fiel sie durch. Elizabeth wurde mehrmals von den Studios abgelehnt, mit aller Grausamkeit, die solche Abfuhren für das Mädchen bedeuteten. Doch die Eltern bestanden darauf, sie weiter vorzustellen. Schließlich erlangten sie für Elizabeth einen Vertrag, und mit zwölf Jahren wurde sie, dank des erfolgreichen Films *Kleines Mädchen, großes Herz*, weltweit bekannt. Von da an war sie eine Sklavin: die ersten Jahre Sklavin der Metro-Studios, und dann die ihres Ruhms und ihres eigenen Images.

Liz Taylor ist eine Mutantin, ein Produkt der Medien. Da sie genötigt war, seit ihrer Kindheit in öffentlicher Umgebung zu leben, muß ihr Sinn für Privatsphäre ziemlich gestört gewesen sein. Zum Beispiel wurde bereits ihre erste Hochzeit (sie heiratete mit achtzehn Jahren einen Hilton-Jüngling aus der Hotelier-Familie) in allen Details von den Metro-Studios organisiert, als ob es sich um eine Filmromanze handelte. Danach brach jedoch die Wirklichkeit durch: Hilton war Alkoholiker, heroinsüchtig und extrem aggressiv, und nach knapp drei Monaten Ehe und fürchterlichen Prügeln trennte sich Elizabeth von ihm.

Es muß sehr schwierig sein zu überleben, wenn man ein Star ihres Kalibers ist: Alle scheinen sich befugt zu fühlen, Urteile über sie zu fällen. Und während Richard

Burton als Intellektueller betrachtet wird (zwar ein Verräter, der sich an das Showbusineß verkauft hat, aber dennoch ein Intellektueller) und von seinen Biografen respektvoll behandelt wird, werden über Liz Taylor Bücher veröffentlicht wie das von David Heymann, das mehr darauf konzentriert ist zu erzählen, daß Elizabeths Vater homosexuell war oder daß ihr vierter Ehemann Fisher sie auf die und die Weise »von hinten nahm« (welch irrelevante Tatsache), als darauf, den Lebensweg der Schauspielerin zu analysieren. Obwohl sie zwei Oscars gewonnen hat, scheinen nur wenige Liz ernst zu nehmen. Sie wird eher als ein Hollywood-Produkt oder Idol denn als Person angesehen.

Nach der blitzartigen Scheidung von Hilton heiratete Liz den englischen Schauspieler Michael Wilding, mit dem sie zwei Kinder bekam; sie ließ sich wieder scheiden und heiratete den Produzenten Mike Todd (den Erfinder des Todd-A-O), der nach anderthalb Jahren bei einem Flugzeugabsturz ums Leben kam, nachdem er sie zur Mutter eines Mädchens gemacht hatte. Und dann nahm sie Debbie Reynolds, ihrer besten Freundin, den Ehemann weg: den Sänger Eddie Fisher. Dies alles trug sich vor ihrem dreißigsten Geburtstag zu und festigte ihren Ruf als perverses, männerverschlingendes Ungeheuer.

Die sündhafte Berühmtheit, die beide mit sich schleppten (Liz als Vamp, Richard als unwiderstehlicher Don Juan), bewirkte, daß ihr Zusammentreffen von einem großen Spektakel begleitet war. Und sie erfüllten als gute Schauspieler ihre Rollen als wilde Tiere sehr gut. Die Dreharbeiten waren Wahnsinn: Überall Paparazzi, und beide lebten in Großaufnahme eine knisternde Leidenschaft und eine Leidensgeschichte wie in einem antiken Melodrama aus. Richard wollte nämlich seine Frau nicht verlassen, mit der er fünfzehn Jahre verheiratet war; und Liz wollte nicht schon wieder mit einem Ehemann brechen. Sie schworen sich gegenseitig, die Beziehung zu beenden, sobald die Dreharbeiten zu *Kleopatra* beendet wären, und so kam der Reiz der Unmöglichkeit zu einer an sich schon stürmischen Leidenschaft hinzu. Richard betrank sich und mißhandelte Liz in Worten und in Taten, und später bat er sie um Verzeihung und zerging vor Liebe; und Elizabeth gab sich ihm völlig hin. Die Fox drohte beiden damit, sie zu denunzieren, weil sie die Moralklausel des Vertrags verletzten, der Vatikan verurteilte sie wegen Schamlosigkeit, und ein US-amerikanischer Kongreßabgeordneter forderte, man solle Burtons Visum wegen ungebührlichen Verhaltens widerrufen. Liz versuchte, sich das Leben zu nehmen, und Richard brachte sich jeden Tag langsam um, indem er ungeheure Mengen an Alkohol trank. Es gibt solche Leidenschaften, die auf abwechselnden Anfällen von Zärtlichkeit und Verletzung beruhen. Auf Verzweiflung und Ekstase.

Zwei stürmische Jahre später erreichten sie ihre jeweilige Scheidung und heirateten. Danach begann eine relativ ruhige Phase, die besten Jahren ihres gemeinsamen Lebens. Sie drehten zusammen ein Dutzend Filme mit großem kommerziellem Erfolg und Renommee. Er bekam sieben Nominierungen für den Oscar; doch niemals die Trophäe (er war zu sehr Waliser, zu betrunken und zu untypisch); sie gewann mit *Wer hat Angst vor Virginia Woolf* ihren zweiten Preis.

In den Sechzigern waren sie das populärste Paar der Welt. Das Publikum sehnte sich danach zu sehen, wie zwei ehemalige berühmte »Unmoralische« sich Jahr für

Jahr treu blieben, und bei ihren Auftritten kam es zu solchen Menschenansammlungen, daß sie sich mit einer Mauer aus Leibwächtern umgeben mußten, die vom Ex-Boxer Bobby La Salle angeführt wurden, dessen Krawatten von einer Klammer gehalten wurden, damit ihn seine Gegner nicht erdrosseln konnten. Außer den Leibwächtern gab es noch eine Menge von Sekretären und Sekretärassistenten und Friseuren und Ärzten und Modedesignern und Haushälterinnen und Erzieherinnen für die Kinder und ein halbes Dutzend Hunde, denen man niemals beibrachte, ihr Geschäft auf der Straße zu verrichten (sie beschmutzten die prächtigsten Teppiche der prächtigsten Hotels auf der ganzen Welt). Sie waren wie der Hofstaat eines kleinen absolutistischen Königtums.

Sie verdienten Geld im Überfluß und gaben es auf luxuriöse Weise wieder aus; er schenkte ihr die größten Diamanten der Welt, und sie schenkte ihm mehrere Rolls-Royce in verschiedenen Farben. Liz nahm jede Art von Drogen und trank viel, wenn man es ihr auch nicht ansah: Sie hatte ein beängstigendes Stehvermögen. Er trank noch mehr, was man ihm ansah. Sie lebten ein absurdes Leben, doch trotzdem müssen sie sich geliebt haben und ziemlich glücklich gewesen sein.

Sie, eine erfolgreiche und kluge Frau, fand Gefallen daran, sich demütig einem intelligenten und zerbrechlichen Mann zu unterwerfen; und er, der sich seiner eigenen Schwäche bewußt war, fand Gefallen daran, eine starke Frau zu bezwingen. Das ist ein altes Muster für Paare, das immer funktioniert hat, und bei Liz und Richard funktionierte es natürlich auch. Wenigstens eine gewisse Zeit. Die öffentliche Mißhandlung und die Ohrfeigen und Beleidigungen von seiten Richards, wenn er besessen war, wurden kompensiert durch eine zur Schau getragene Verehrung für die schönste Frau der Welt und die beste Schauspielerin und durch die größte Zärtlichkeit der guten Momente. In seinen Tagebucheintragungen legt Richard ein bewegendes und reichliches Zeugnis seiner Liebe zu Liz ab: »Es würde mir nichts ausmachen zu sterben, doch was wird aus mir, wenn sie stirbt? Ich glaube, ich würde zum Reifen eines Autobusses und drehte mich für immer auf unschuldigen Wegen«, schrieb er, als sie acht Jahre zusammen waren.

Doch das prekäre Gleichgewicht zerbrach. Wie enden Beziehungen? Wie weit muß man in der Archäologie der Liebe zurückgehen, um zu erfahren, wann das Unvermeidliche begann? Im Falle von Liz und Richard muß die Grenze zum Niedergang 1968 überschritten worden sein. Unter anderem aus gesundheitlichen Gründen.

Die Krankheitsgeschichte von Richard und Liz ist ein kompliziertes Rätsel. Er litt an vielfachen Schmerzen am Hals und in den Gliedern: Gicht? Ischias? Arthritis? Natürlich etwas Degenerierendes und Lähmendes: Im Alter von fünfzig Jahren konnte er kaum noch seinen linken Arm hochheben. Die Biografen legen zudem nahe, er sei Epileptiker gewesen. Natürlich litt er immer, wenn er zu trinken aufhörte, an gewaltigen Zitteranfällen: Doch das ist bei einem Alkoholiker üblich. Liz war stets schwer krank. Bevor sie vierzig wurde, war sie schon siebenundzwanzig Mal operiert worden, wobei sie viermal fast gestorben wäre. Sie hatte eine Hirnhautentzündung, bekam einen Luftröhrenschnitt und mußte an der Wirbelsäule operiert werden. Wahrscheinlich ist sie ein ziemlicher Hypochonder, und wahrscheinlich nutzten die Ärzte mehr als einmal eine so reiche Patientin aus, die so sehr bereit war, sich aufschlitzen zu lassen. Außerdem bewies sie stets ein unglaubliches Talent für Unfälle: Sie stürzte und stieß sich ständig. Nachdem sie in den achtziger Jahren zum Entzug in die Ford-Klinik eingewiesen wurde, machte sie ihre frühere Alkoholsucht und Drogenabhängigkeit (Morphium, Methadon, Seconal und Valium) öffentlich: In diesem Licht betrachtet, ergeben die ganzen Stürze einen Sinn.

Elizabeth wurde 1968 die Gebärmutter entfernt; und dies mußte bei ihr, die Kinder so gerne mochte und mit Richard noch keine hatte, ein Trauma bewirkt haben. Liz geriet ins Trudeln und gab sich der Verzweiflung und diversen Rauschmitteln hin; Richard trank seinerseits drei Flaschen Wodka am Tag, um seine Depressionen zu lindern. »Ich wünsche langsam, daß dieser Alptraum aufhört«, schrieb er in seinen Memoiren. Sie beleidigten sich, sie hielten sich gegenseitig nicht aus und litten wie Hunde. So hielten sie noch weitere fünf Jahre durch. Schließlich veröffentlichte sie 1973 eine Erklärung in der Presse: »Ich bin davon überzeugt, daß es besser wäre, wenn Richard und ich uns für eine Zeit trennen würden. Vielleicht haben wir uns zu sehr geliebt … Betet für uns.« Es war ein bewegender Text, doch sie hätte ihn als Brief an Richard schicken sollen, anstatt ihn durch alle Zeitungen zu jagen. Ich sagte bereits, daß sie gewöhnt war, bis zur Schamlosigkeit in der Öffentlichkeit zu leben.

So ließen sie sich scheiden, suchten sich andere Partner und wollten ihr Leben neu gestalten. Doch sie brauchten sich gegenseitig zu sehr. Im Oktober 1975 heirateten sie erneut. Es war ein krampfhafter Versuch, der fehlschlug: Drei Monate später trennten sie sich wieder. Wahrscheinlich hatte die gegenseitige Aggressivität bereits damals alles zerstört, was in ihrer Beziehung noch zu retten war.

Der Rest ist Verfall. Richard trank, bis er fast platzte: Sie mußten ihn für sechs Wochen in ein Krankenhaus einliefern, und er war nie mehr derselbe wie vorher. Er hatte eine andere Ehefrau, ein Fotomodell, mit der er vier Jahre zusammenlebte, spielte in peinlichen Filmen mit, bekam immer geringere Gagen, wurde jeden Tag kränker und versuchte mit pathetischen Anstrengungen, das Trinken aufzugeben. Liz heiratete Senator John Warner und zog sich von der Schauspielerei zurück, wurde dick wie eine Nudel und war unglücklich wie noch nie: »Ich lebte in einem inneren Sibirien.« Danach heiratete Richard Sally Hay, eine Journalistin, und Liz verließ Warner und fing wieder an zu arbeiten. Liz und Richard telefonierten weiterhin jeden Tag und waren voneinander besessen: »Ich wußte, daß Elizabeth Teil unseres Lebens war«, sagte Sally ganz klarsichtig. Am 4. August 1984 erlitt Burton eine Gehirnblutung und starb innerhalb von vierundzwanzig Stunden: Er war achtundfünfzig Jahre alt. Als Liz dies erfuhr, wurde sie fast wahnsinnig. »Ich konnte mir vorstellen, daß sie die Nachricht schmerzen würde«, erklärte ihr damaliger Verlobter, der mexikanische Anwalt Victor Luna, »doch ich erwartete nicht, daß sie absolut hysterisch wurde. Ich schaffte es nicht, daß sie zu weinen aufhörte. Sie war völlig außer Kontrolle.« Sally Hay bat sie, nicht zur Beerdigung zu kommen, damit die Presse keinen Zirkus veranstaltete, und sie willigte ein. So ging sie also alleine auf den Friedhof, das heißt, mit einer Meute von Paparazzi und ihren vier Leibwächtern, die ver-

suchten, sie vor den voyeuristischen Blicken zu schützen, indem sie ein paar große Regenschirme über sie
spannten: In diesem erbärmlichen Stückchen Privatsphäre beweinte Elizabeth Taylor Richard Burton zehn
Minuten lang. Sie waren reich, irrsinnig und berühmt
gewesen; doch wie fast alle liebten sie sich manchmal,
und manchmal haßten sie sich; und zuletzt machten sie
nichts anderes, als wozu sie eben fähig waren.

Evita & Juan Perón

Evita & Juan Perón

Obwohl Evita und Juan Perón der jüngsten Vergangenheit angehören, wagt man sich in trübe Wasser, wenn man über sie spricht. Bei wenigen Gelegenheiten bin ich auf einen solchen Wirrwarr an Ungereimtheiten, Mythen und falschen Tatsachen in bezug auf eine Person gestoßen, wie im Fall von Eva Duarte und, davon ausgehend, auch ihres Ehemanns. Evita wurde heißgeliebt und auch gehaßt, und sowohl ihre Anhänger als auch ihre Feinde haben die Jahrbücher mit Lügen gefüllt. Es log auch Juan Perón oder das peronistische Regime, das ausgiebigen demagogischen Schwindel trieb; und obendrein war Evita selbst eine große Mythomanin. Sie war eine Frau, die sich selbst erfand und schließlich an ihr eigenes Traumbild glaubte. Zum Beispiel verriet sie niemandem, nicht einmal Perón, daß sie ein uneheliches Kind war; und um diese Tatsache zu verschleiern, ließ sie ihre Geburtsurkunde fälschen und machte sich bei der Gelegenheit noch um ein paar Jahre jünger.

Evita wurde 1919 in Los Toldos, einem kleinen, im Staub der Pampas versunkenen Dorf geboren. Ihre Mutter Juana, halb Indianerin, halb Baskin, war die offiziel-

le Geliebte von Juan Duarte, einem kleinen Grund-
eigentümer aus der Umgebung, der natürlich verheiratet war und Kinder hatte. Juana hatte von ihm einen
Sohn und vier Töchter, und Evita war die kleinste. Das
Mädchen war erst sechs Jahre alt, als ihr Vater starb;
die fünf unehelichen Kinder wurden in Trauerkleider
gesteckt und zum Haus des Verstorbenen geschickt,
doch die Witwe verwehrte ihnen den Zutritt. Nach vielen Tränen durften sie schließlich für einen Moment ein-
treten und den Toten küssen. Diese Demütigungen
brannten sich wie Feuer in Evas Gedächtnis ein.

Und es kam noch schlimmer; weitere Niederträch-
tigkeiten, weitere Schande. Es waren Jahre wirtschaftli-
cher Not, und sie hatte das Gefühl, eine Ausgestoßene
zu sein, denn viele Mädchen aus der Schule mieden
die wenig empfehlenswerte Freundschaft mit ihr. Das
Mädchen Eva hatte dunkle Haare und eine blasse Hautfarbe, war schweigsam, eine mittelmäßige Schülerin
und recht einfältig. Sie wollte Schauspielerin (oder vielmehr Star) werden, und so verließ sie mit fünfzehn Jahren ihr Zuhause und ging nach Buenos Aires. Es heißt,
sie sei mit Magaldi, einem vierzigjährigen Tangosänger,
durchgebrannt, was gut möglich, aber nicht bewiesen
ist. In der Hauptstadt ließ sie sich in einer herunterge-
kommenen Pension in der Calle Corrientes nieder; es
folgten Jahre voller Hunger und Entbehrung.

Viele behaupten, daß sie in jener Zeit, als sie kleine
Rollen als Schauspielerin suchte, der Prostitution nach-
ging. Zweifellos muß ein Mädchen ihres Alters, die so
sehr nach Erfolg strebte und so unwissend und allein
war, sehr bittere Momente durchgemacht haben. Sogar Fraser und Navarro, die strengsten Biografen der
Duarte geben zu, daß es unmöglich sei zu wissen, wo-

von Eva in jenen ersten Jahren lebte, und erzählen einige haarsträubende Begebenheiten. Zum Beispiel eine schreckliche Szene mit Surero, einem Theaterimpresario, mit dessen Truppe sie nach Montevideo auf Tournee gegangen war. Nachdem sie nach Buenos Aires zurückgekehrt waren, begann Surero ein neues Stück zu proben. Eva ging zum Theater und fragte nach ihm; der Agent kam empört heraus und fing im Foyer vor Dutzenden von Menschen zu schreien an: »Was willst du hier, warum belästigst du mich?« »Ich bin nur hier, um zu fragen, ob es für mich Arbeit gibt«, stammelte die arme Eva. »Laß mich in Frieden«, brüllte er, »daß ich mit dir ins Bett gegangen bin, heißt gar nichts.« Eine kleine Anekdote von Mißbrauch und Schmerz.

Dieses ganze Gift sammelte sich in ihr an und machte sie zu einer extrem rachsüchtigen Frau; doch es machte sie auch stark. 1937, zwei Jahre, nachdem sie nach Buenos Aires gekommen war, und noch keine achtzehn Jahre alt, war Evita bereits eine verhärtete Überlebende, die gelernt hatte, die Männer zu ihrem Vorteil zu benutzen. Der erste war ein gewisser Kartulovic, siebenundvierzig Jahre alt; durch ihn bekam sie ihre erste kleine Rolle in einem Film. Von da an verstand es Eva sehr gut, an wen sie sich heranmachen mußte, und strebte nach immer Höherem. Zum Beispiel wurde sie die Freundin eines Schriftstellers, der Hörspielserien für das Radio schrieb, fürchterliche Melodramen, die ihr aber zu einer gewissen Bekanntheit verhalfen.

1943 gab es in Argentinien einen Staatsstreich, und die Militärs übernahmen die Macht. Damals war Eva eine populäre Schauspielerin von Kitschserien im Radio Belgrano und die Geliebte des Oberst Imbert, des neuen Ministers für das Fernmeldewesen. Doch der Anführer des Militärputsches war ein großer, beleibter Offizier namens Juan Perón; Eva lernte ihn im Januar 1944 bei einer Wohltätigkeitsveranstaltung kennen und bändelte sofort mit ihm an: Dieselbe Nacht verbrachten sie gemeinsam. Sie war vierundzwanzig Jahre alt und er achtundvierzig. In Evitas »Autobiografie«, einem mageren und verlogenen Text, der von diversen Ghostwritern geschrieben wurde, behauptet Eva, daß sie Juan an jenem Tag an den Kopf geworfen hatte: »Wenn Sie, wie Sie sagen, die Sache des Volkes zu Ihrer eigenen Sache gemacht haben, dann werde ich, wie groß das Opfer auch immer sein mag, nie von Ihrer Seite weichen, bis ich sterbe.«

Fast alles, was von Eva stammt, klingt so hochtrabend und verquer: ihre Reden (von ein paar Drehbuchschreibern für Radio-Melodramen verfaßt), ihre Autobiografie, ihre öffentlichen Gesten … Doch jenseits dieses ganzen hohlen Wortschwalls herrschten schreckliche soziale Bedingungen in Argentinien damals, Hunger und Elend von Millionen Menschen; aber auch die persönlichen Erinnerungen Evas, die Demütigungen und die Beklemmung verbargen sich dahinter. Dieses ganze Leiden, das öffentliche und das private, war authentisch; und in einer außergewöhnlichen und fast perversen Mischung aus wirklichem Schmerz und fingierter Übertreibung machte Eva Duarte, die Schauspielerin der Radioserien, aus ihrem Leben die beste und erfolgreichste Seifenoper.

Juan Perón, der Sohn eines Landarbeiters, war kinderloser Witwer. 1944, als Eva und er sich kennenlernten, lebte der Militär mit einem jungen Mädchen zusammen, das er als seine Tochter ausgab, das jedoch in Wirklichkeit seine Geliebte war. Eva nahm in dieser

Angelegenheit sofort die Dinge in die Hand: Sie packte die Habseligkeiten der Kleinen auf einen Lieferwagen und verfrachtete das Mädchen in ihr Dorf zurück. Nach vollbrachter Arbeit zog die triumphierende Eva bei Juan ein. Sie sollten sich nicht mehr trennen.

Dann begann der Ansturm des Paares auf die Macht, zwischen Säbelrasseln, Putschgerüchten und konfusen politischen Situationen, die einer Tragikomödie würdig wären. Bis Juan schließlich verhaftet wurde. Zur damaligen Zeit waren sie anderthalb Jahre zusammen, und es heißt, daß Eva von da an begann, ihre Fähigkeiten zu zeigen: Sie suchte Hilfe bei den Gewerkschaften und führte zur Unterstützung ihres Geliebten die Descamisados auf den Kriegspfad. Nach acht Tagen wurde Juan auf freien Fuß gesetzt – und heiratete sie sofort.

Viele behaupten, daß die Beziehung zwischen General Perón und Eva keine sexuelle, sondern eine Interessenübereinkunft gewesen sei. Wenn Perón an Mädchen Gefallen fand, so war er womöglich von Eva nicht sonderlich angezogen, die immer härtere, mystische und asexuelle Züge annahm. Doch sicherlich liebte und brauchte sie der General, besonders zu Beginn: »Nun weiß ich, wie sehr ich dich liebe, und daß ich nicht ohne dich leben kann«, schrieb er ihr, während er inhaftiert war. Juan, der viel gebildeter, zynischer, flexibler, aber auch schwächer als sie war, muß von Evas blindem Eifer, von ihrer völligen Hingabe fasziniert gewesen sein. Sie war die personifizierte Loyalität, die verliebte Urgewalt.

Und die Geschichte von Evita und Juan Perón ist die Geschichte einer Obsession: Sie liebte ihn pathetisch, um nicht zu sagen pathologisch. Sie vergötterte ihn, weil er sie geheiratet hatte. Weil er sie geachtet und dafür gesorgt hatte, daß sie geachtet wurde. Weil er ihr, der einst geprügelten Eva, einen Platz in der Geschichte, ein leuchtendes Melodrama angeboten hatte, mit dem sie sich befreien konnte. Und so sind Evas Reden voller Lob für Perón und voller Geringschätzung ihrer selbst: Sie ist immer so unbedeutend, und er so außergewöhnlich … »Er ist gut zu uns. Er ist unsere Sonne, unsere Luft, unser ganzes Leben.«

Und nicht nur die öffentlichen Reden waren so: In ihren privaten Briefen, die ohne Form und voller grammatikalischer Fehler waren, ergeht sich Eva wiederholt in Liebeserklärungen wie aus Kitschromanen: »Ich liebe Dich so sehr, daß ich zu Dir eine Art Vergötterung empfinde«, schrieb Eva 1947 an Juan, als er zu einer offiziellen Reise nach Europa aufbrach: »Ich versichere Dir, daß ich in meinem Leben hart gekämpft habe, um etwas zu werden, und daß ich viel gelitten habe, doch dann kamst Du und machtest mich so glücklich, daß ich dachte, es wäre ein Traum, und da ich Dir nichts bieten konnte außer meinem Herzen und meiner Seele, gab ich sie Dir ganz, doch in diesen drei Jahren des Glücks, das jeden Tag größer wurde, habe ich nie aufgehört, Dich auch nur eine Stunde innig zu lieben…« Und so geht es weiter und weiter. So viel Liebe, so viel Fanatismus (sie erklärte viele Male, daß sie eine fanatische Anhängerin Peróns sei) muß letztlich für sie etwas bedrückend geworden sein.

Es gibt verschiedene Phasen der Selbstinszenierung Evitas. Zuerst, als junges Starlett, war sie sehr extravagant gekleidet, mit großen Klunkern, aufwendigen Pompadour-Frisuren und üppigem Dekolleté. Dies galt bis zur Erlangung der Präsidentschaft (Perón kam 1946 an die Macht). Dann, nach der Europareise von 1947, wurde Eva eleganter, kaufte sich dezenteren Schmuck und trug sehr teure Kleidung von Dior. Nach der Gründung ihrer Wohlfahrtsstiftung im Jahre 1948 erlangte sie ihre endgültige Verkörperung der Santa Evita: Von nun an trug sie steife Kleidung und hatte eine strenge Frisur mit einem tadellosen Haarknoten.

Juan Perón, der Anhänger von Mussolini war, kam mit einem nationalsozialistischen Programm an die Macht. Die Situation in Argentinien war damals von einer so außerordentlichen Ungerechtigkeit gekennzeichnet, daß viele seiner Reformen grundlegend waren: Er verfügte Mindestlöhne, was es vorher nicht gegeben hatte, vier Wochen Jahresurlaub, Lohnfortzahlung bei Krankheit … Alles war für das Volk, jedoch ohne das Volk, denn es gab keine Meinungsfreiheit, kein Streikrecht und keine Pressefreiheit. Studenten und Dozenten wurden aus den Universitäten ausgeschlossen, die Gewerkschaftsführer, die sich den Parolen des allmächtigen (und peronistischen) Gewerkschaftsverbands widersetzten, wurden ins Gefängnis gesteckt … Die Medien waren völlig mundtot gemacht (Eva besaß vier Radiosender und zwei Zeitungen); Leute wurden festgenommen, weil sie Perón im Café kritisiert hatten, und sogar die Telefone wurden abgehört, wie die Regierung in einer Erklärung zugab: »Die Telefone dürfen nicht unverantwortlichen und unvernünftigen Leuten zum Gebrauch überlassen werden. Das Telefon zu benutzen, um jemanden zu beschimpfen oder zu beleidigen, ist ein Verbrechen, das es verdient, von der Justiz bestraft zu werden. Der lange Arm des Gesetzes sowie die Behörde für Post und Fernmeldewesen wachen über den Gebrauch der Telefone, damit diese edle und nützliche gesellschaftliche Funktion nicht mißbraucht wird.«

Bei dieser ganzen Repression spielte die unerbittliche Evita eine wichtige Rolle. Rachsüchtig verfolgte sie alle, die sie kritisierten: Zum Beispiel wurden einige Marinekadetten der Schule verwiesen, weil sie angeblich gehustet hatten, als Eva in einer Kinowochenschau zu sehen war. Tatsächlich häuften sich die Anschuldigungen, vor allem wegen Korruption. Zum einen war da Evas gegenwärtige Vetternwirtschaft: Ihr Bruder Juan, ein früherer Seifenvertreter, wurde Peróns Privatsekretär; ihre ältere Schwester erhielt die politische Kontrolle über die Stadt Junín; ein Schwager wurde zum Senator gewählt; ein anderer wurde Gouverneur von Buenos Aires, und der dritte Schwager wurde Generaldirektor der Zollbehörde.

Doch noch schlimmer war es um die Wohlfahrtsstiftung bestellt. Evas Stiftung erhielt enorme Mengen an Geld: von der Lotterie, den Gewerkschaften und den freiwilligen Beiträgen der Unternehmen (die ihnen in Wirklichkeit abgepreßt wurden, denn wenn sie nicht mitmachten, schloß der Gouverneur unter irgendeinem Vorwand die Firma). Es gab nie eine richtige Buchhaltung dieser ganzen astronomischen Summen, und viele behaupteten, es seien große Beträge abgezweigt worden. Selbstverständlich besaß Eva Schmuck in Hülle und Fülle, den sie sich niemals vom Gehalt ihres Ehemanns hätte leisten können. Ganz zu schweigen von ihren Kleidern: Als sie starb fanden sich in ihren Schränken mehr als 100 Nerzmäntel, 400 Kleider und 800 Paar Schuhe.

Eva war gleichzeitig an der gesellschaftlichen Umverteilung des Reichtums beteiligt, der nach dem Zweiten Weltkrieg im Überfluß nach Argentinien geströmt war. Über die Stiftung gründete sie mehr als 1000 Waisenheime, 1000 Schulen, 60 Krankenhäuser und etliche Altenheime; pro Jahr verteilte sie 400 000 Paar Schuhe, 500 000 Nähmaschinen und 200 000 Pfannen. Ein beachtliches Werk. Sie selbst empfing nachmittags die Armen und »verschenkte« außer Bargeld Betten, Penicillin und Prothesen. Es gab Szenen wie bei Valle-Inclán; umgeben von Kranken und Bedürftigen küßte Eva die Lepra- und Syphiliskranken und zeigte echtes Verständnis und Zuneigung für sie: Es muß für die arme, geprügelte Evita sehr befriedigend gewesen sein, von den Elenden erhöht und verehrt zu werden ... »Auch ihr werdet eines Tages solche Kleidung haben«, sagte sie den Parias des Landes, und vielleicht glaubte sie das sogar. Dieser ganze Wahn konnte jedoch nicht von Dauer sein.

Und er war nicht von Dauer. Der wirtschaftliche Aufschwung Argentiniens hielt nicht an: vergeudet, veruntreut und durch eine schreckliche Dürre und die massive Zuwanderung der Bauern in die Stadt geschwächt, erschöpfte sich der Reichtum ziemlich schnell. Als das Geld ausging, hielt auch Peróns Idyll mit seinen Descamisados nicht an. Und zuletzt blieb auch Evas Gesundheit nicht erhalten.

Ivanissevich, ihr erster Arzt, erklärte, er habe im Januar 1950 entdeckt, daß Eva Gebärmutterkrebs hatte, und ihr zu einer Hysterektomie geraten. Doch sie weigerte sich, ihn anzuhören, und führte an, dies seien alles nur Manöver ihrer Feinde, um sie von der Politik abzubringen. Es ist eine merkwürdige und paranoide Geschichte, doch vielleicht ist sie wahr: Eva hatte ein sehr seltsames Verhältnis zu ihrem Körper, und man kann auch nicht sagen, daß sie eine ausgeglichene Persönlichkeit war. Sie führte nämlich ihre Arbeit weiter, immer verkrampfter, immer verklärter und immer fanatischer. Fast zwei Jahre lang floh sie vor den Ärzten, doch dann brach sie zusammen. Es folgten zehn entsetzliche Monate: Sie erlitt furchtbare Schmerzen, und von der brutalen Strahlenbehandlung, die damals angewandt wurde, war ihr ganzer Körper verbrannt. Es heißt, daß sich Juan in diesen letzten Monaten nicht um sie gekümmert habe, er ihr gar aus dem Weg gegangen sei, doch dies scheint bloß die halbe Wahrheit zu sein. Juan war am Boden zerstört, als er erfuhr, daß Eva Krebs hatte, denn seine erste Frau war an derselben Krankheit gestorben. Vielleicht hinderte ihn seine eigene Angst, den Umständen gewachsen zu sein, doch es gibt Zeugen dafür, daß er seine Ehefrau bis zum Tod begleitete. Am 26. Juli 1952 war alles zu Ende; Eva war gerade dreiunddreißig Jahre alt geworden und wog nur noch fünfunddreißig Kilo.

Dieses so seltsame Leben hatte ein sonderbares Nachspiel. Evas Leichnam wurde von Doktor Ara einbalsamiert, einem spanischen Pathologen, von dem es heißt, er habe sich in die Leiche verliebt. Drei Jahre lang blieb die Leiche im Gebäude der peronistischen Gewerkschaft CGT und wartete darauf, daß ein pharaonisches Mausoleum gebaut wurde. Doch 1955 wurde Perón zum Rücktritt gezwungen, und die neuen Machthaber ließen die Leiche verschwinden. Eine Zeitlang bewahrte sie Major Antonio Arandia heimlich in seinem Haus auf und schlief mit einer Pistole unter dem Kopfkissen, aus Angst, die Peronisten könnten es herausbekommen. Eines Nachts hörte er ein Geräusch, schoß und tötete seine eigene Frau, die schwanger war. Daraufhin wurde Evas Leichnam in eine als »Radiomaterial« beschriftete Kiste gesteckt; sie reiste einige Jahre durch die Welt und wurde unter falschem Namen auf

einem Friedhof von Mailand beigesetzt. Außerdem gab
es zwei oder drei genaue Kopien des Leichnams, die auf
Initiative Juans von einem Bildhauer hergestellt worden
waren; und eine dieser Kopien wurde eine Zeitlang in
einem Sexshop in Hamburg ausgestellt. 1972 wurde
Evita exhumiert und Juan zurückgegeben, der damals in
Madrid lebte. Doch als der General 1973 nach Buenos
Aires zurückkehrte, um Präsident zu werden, ließ er
die Tote in Spanien zurück. Juan Perón starb 1974, und
seine Witwe Isabel ließ aus Gründen der Publicity den
Leichnam ins Land holen. Schließlich wurde Eva nach
dem Militärputsch 1976 noch einmal auf dem Friedhof
La Recoleta in Buenos Aires beigesetzt. Dort liegt sie immer noch, unverwest und milchweiß, in ihrem Tod genauso verworren wie in ihrem Leben.

Robert Louis Stevenson

Robert Louis Stevenson &
Fanny Vandegrift

Ich kann einfach nicht verstehen, warum die offiziellen Biografen von Robert Louis Stevenson, des genialen Autors von *Die Schatzinsel* und *Der seltsame Fall des Dr. Jekyll und Mr. Hyde* immer so grausam zu seiner Gattin Fanny sind, wo doch alles dafür spricht, daß sie eine außergewöhnliche Frau war. Vielleicht verstört sie gerade diese Ungewöhnlichkeit, Fannys Heterodoxie und die Tatsache, daß sie als Stevensons Witwe mit ihrem letzten Liebhaber um die Welt fuhr, dem Zeichner, Hollywood-Drehbuchautor und Dramaturg Ned Field, einem schlauen und hübschen Jungen, der sich in sie verliebte, als Fanny dreiundsechzig und er dreiundzwanzig Jahre alt war.

Ned und Fanny blieben mehr als ein Jahrzehnt zusammen, bis sie 1914 im Alter von vierundsiebzig Jahren starb. Damals schrieb Ned einen bewegenden Nachruf, in dem er sagte, daß von Fanny »ein Hauch von Wildheit ausging«, und daß sie »für mich die einzige Frau auf der Welt [war], für die ein Mann willig sein Leben gegeben hätte«.

Mit dieser Ansicht war er nicht allein: Viele Jahre

zuvor war Robert Louis Stevenson bereit gewesen, für sie zu sterben.

Fanny Vandegrift wurde 1840 an der US-amerikanischen Ostküste als Tochter eines Farmers und Geschäftsmanns geboren. Sie war die Kleinheit in Person, eine kaum eineinhalb Meter große Frau mit dunkler Haut, tiefschwarzen Augen und dunklen, lockigen Haaren: Ihr Aussehen war stets etwas exotisch und mestizenhaft, die Antithese zur zarten, schlichten viktorianischen Schönheit. Auf ihren frühen Porträts ist Fanny ein kleines Mädchen mit zwar gleichmäßigen Zügen, aber widerspenstiger, fast sturer Mimik. Später, als reife Frau, nachdem sie ihre Mähne auf ein paar sehr kurze Locken zurechtgestutzt hatte (für die damalige Zeit eine gewagte Frisur), mit weiten Kleidern ausstaffiert und mit merkwürdigen Halsketten geschmückt war, sah Fanny viel attraktiver aus: »Als junge Frau mußte sie hübsch gewesen sein. Heute war sie schön.«

Sie hatte psychologische Probleme. Robert Louis ebenfalls. Wahrscheinlich war das eine der Grundlagen für ihre gegenseitige Verehrung: Die Abgründe des Geistes können sehr verführerisch sein, vor allem für Menschen, die auf einem Grat wandern. In beiden Familien hatte es Fälle von Geisteskrankheit gegeben, und sowohl Fannys als auch Roberts Vater starben halb wahnsinnig. Sie fürchteten stets, genauso zu enden.

Robert Louis, der einzige Sohn eines reichen Ingenieurs aus Edinburgh, litt von klein auf an schwerwiegenden gesundheitlichen Problemen. Gastrisches Fieber, Rheuma, Bronchitis, Augenentzündungen, durch die er eine Zeitlang halb blind wurde, und sehr anfällige Lungen. Er war einen Meter siebzig groß, und in seinen besten Zeiten schaffte er es gerade mal, fünfzig Kilo zu wiegen: ein ausgemergeltes Wesen, ein Strich in der Landschaft. Was seinen geistigen Zustand betrifft, so hatte er akustische Halluzinationen, und seine Nerven waren so schwach, daß ihm aus dem geringsten Anlaß die Tränen kamen: »Ich würde es gut finden, wenn er mindestens nicht dann weinen würde, wenn man es am wenigstens erwartet«, beklagte sich Fanny über ihn, als sie sich kennenlernten. Mit der Zeit und – dessen bin ich sicher – vor allem durch sein Schreiben beruhigte sich Robert Louis ziemlich.

Da Fanny das rettende Mittel der Literatur fehlte, hielten ihre seelischen Schwankungen ihr ganzes Leben an. Sie hatte mehrere schwere geistige Krisen, Episoden von einem oder zwei Monaten Dauer mit Delirien, nervöser Blindheit, vorübergehender Stummheit und Gedächtnisverlust. Einige Ärzte wollten bei ihr Symptome von Schizophrenie erkannt haben, doch gab es sehr wenige Phasen mit völligem Zusammenbruch, und diese hatten stets eine äußere Ursache. Andererseits hinderte sie diese Tendenz zum Ungleichgewicht nicht daran, ein normales Leben zu führen. Was heißt normal: ein eben ungewöhnliches und reiches Leben.

Fanny war schon immer eine resolute Frau. Mit sechzehn Jahren heiratete sie Sam Osbourne, einen schönen, aber labilen und abenteuerlichen kleinen Anwalt, der sich in den Westen aufmachte, um sein Glück zu versuchen, und in den Bergen von Nevada eine Silbermine kaufte. Dort, am Rande der Wildnis, in einer Gegend, in der es nur siebenundfünfzig weiße Frauen auf viertausend Männer gab, unter gewalttätigen Bergarbeitern und bedrohlichen Schoschone-Indianern, lebte Fanny ein rauhes Pionierleben. Sie rauchte unaufhörlich, konnte wie ein Profi Karten spielen und trug an ihrem Gürtel einen riesigen Revolver, mit dem sie in der Lage war, aus mehreren Metern Entfernung einer Klapperschlange den Kopf wegzuschießen.

Das Bergwerk war ein völliges Fiasko, wie auch alle anderen verrückten Unternehmungen, die ihr Ehemann anpackte. Fanny ertrug den Bankrotteur und Frauenheld Sam fast zwanzig Jahre lang. Sie kümmerte sich um ihn und die drei Kinder, die sie hatten, pflanzte Gärten mitten in die Wüste, zimmerte die Möbel für das Haus, schneiderte die Kleidung für die Familie und schaffte es, aus ihrem Leben einen bewohnbaren Ort zu machen. Und sie hatte immer noch Zeit, um zu lesen, sich autodidaktisch zu bilden und kreative Freizeitbeschäftigungen wie die Daguerreotypie auszuüben.

1874 ertrug Fanny Sam nicht mehr, der mit seinen Geliebten öffentlich spazierenging. Damals lebten sie in San Francisco, und Belle, die älteste Tochter, die sechzehn Jahre alt, eine so zierliche Person wie Fanny und ihre Rivalin war, begann an der Kunstakademie Zeichnung zu studieren. Fanny, die eine künstlerische Neigung hatte (sie malte und schrieb gerne), beschloß, mit ihr zusammen zu studieren. Dies änderte ihr Leben grundlegend, denn an der Akademie traf sie auf eine Welt nach ihrem Maß. Eine Welt von wenig konventionellen, andersartigen Leuten.

Diese Entdeckung war derartig überwältigend, daß Fanny und Belle, nachdem sie den halsstarrigen Sam überredet hatten, nach Europa fuhren, um Malerei zu studieren. Im Frühjahr 1875 kamen sie nach Paris, in Begleitung der beiden jüngsten Kinder: dem siebenjährigen Lloyd und dem vierjährigen Harvey, dem Liebling seiner Mutter. Sie nahmen an, Sam würde ihnen aus San Francisco Geld schicken, doch viele Monate lang erhielten sie nichts.

Das erste Jahr in Paris war schrecklich: Sie lebten im Elend, litten an Hunger und Kälte. Belle ging jeden Tag diszipliniert an die Akademie, aber Fanny mußte sehr bald den Unterricht aufgeben, denn ihr kleiner Sohn Harvey erkrankte schwer. Ohne Geld, ohne Essen und ohne Freunde ging es dem Kind unweigerlich immer schlechter. Allem Anschein nach hatte er Knochentuberkulose und starb am 5. April 1876 nach einem langsamen und furchtbaren Todeskampf: Ihm brachen die Knochen und bohrten sich in das Fleisch.

Der Brief, in dem Fanny einem Freund Harveys Qual und Tod schildert, ist einer der schönsten und zugleich nur schwer zu ertragenden Texte, die ich in meinem Leben gelesen habe (Alexandra Lapierre hat ihn in ihr sehr interessantes Buch über Fanny Vandegrift aufgenommen). Ich möchte sagen, daß es unmöglich ist, daß jemand so viel Schrecken unbeschadet überstehen kann. Fanny erlitt nach dem Tod des Kindes einen Zusammenbruch, was nicht verwundert. Erstaunlich ist, daß sie zwei Monate später fähig war, wieder auf ihren Füßen zu stehen.

Doch Fanny war voller unbändiger Fröhlichkeit. Auch darin ähnelte sie Robert Louis: Trotz all seiner Leiden und seiner Schwäche besaß der Schriftsteller eine unglaubliche Fähigkeit zum Glücklichsein. Obwohl der eine wie die andere vom Gedanken an den Tod verfolgt wurden, verstanden sie es, das Leben intensiv zu genießen. Sie waren zwei extreme und melodramatische Seelen, die sich dem Lachen und dem Weinen hingaben.

Sie lernten sich im Juli 1876, kurz nach Harveys Tod, in einem französischen Dorf namens Grez kennen, wo eine Kolonie unkonventioneller und ausländischer Künstler den Sommer verbrachte. Fanny und Belle waren die einzigen Malerinnen, die einzigen Frauen. Robert Louis war vom ersten Augenblick an in Fanny verliebt, doch bei Fanny dauerte es mehrere Monate, bis sie sich in ihn verliebte. Sie war sechsunddreißig Jahre alt; er fünfundzwanzig. Er war, wie gesagt, ein sehr schlanker Mann, der seltsame Jacketts aus abgenutztem Samt trug; er schien ein merkwürdiger Kerl zu sein, der, wenn er zu sprechen anfing, begeistern konnte.

Sie trafen sich den darauffolgenden Sommer wieder in Grez und wurden zu Geliebten. In der Anfangszeit der Romanze schrieb Robert Louis ein Essay unter dem Titel *Vom sich verlieben*: »Und dann beginnt die Geschichte zweier Wesen, die sich Schritt für Schritt in der Liebe vorantasten, wie zwei Kinder in einem dunklen Zimmer.« Wahrscheinlich fanden sie sich in ihrer gegenseitigen Exzentrik wieder, in dieser Heterodoxie, die beiden anhaftete und die sie vielleicht in den Abgrund geführt hätte, wenn Robert Louis kein literarisches Genie gewesen wäre.

So extravagant und unkonventionell wie Fanny war, wußte sie, daß ihre Beziehung zu Robert Louis Wahnsinn war. Er war elf Jahre jünger als sie, war sehr krank, hatte kein Geld und keine Stellung. Sie hatte zwei Kinder zu unterhalten, und zudem durften sich anständige Frauen nicht auf solche Verhältnisse einlassen. Sam schickte ihr ein Ultimatum, und Fanny entschied sich für die Vernunft und kehrte im August 1878 zu ihrem Ehemann zurück. Doch nach wenigen Monaten wurde sie wahnsinnig, litt unter Depressionen und Halluzinationen. Im Juli 1879 schickte sie Robert Louis verzweifelt ein Telegramm, der beschloß, sich sofort auf den Weg zu machen. Er bat seinen Vater um das nötige Geld für die Reise, doch nicht genug, daß dieser ihm kein einziges Pfund gab: Er verbot ihm außerdem zu fahren und enterbte ihn. Daraufhin wandte er sich an seine Freunde, doch niemand wollte ihm helfen: Diese seltsame Beziehung zu einer so viel älteren und verheirateten Frau gefiel ihnen nicht, und sie fürchteten, daß die Reise Roberts Gesundheit schaden würde. Schließlich erhielt Robert Louis einen kleinen Vorschuß auf einige Zeitungsartikel und brach im August in die Vereinigten Staaten auf. Er brauchte dreiundzwanzig Tage, elf mit dem Schiff und zwölf mit dem Zug, um nach Monterey zu kommen, wo Fanny war. Als er ankam, hatte er acht Kilo abgenommen, litt an Krätze und war unglücklicherweise tuberkulös. »Mir scheint, als hörte ich immer noch das Heulen meiner Mutter, als sie ihn sah, das Lachen, die Tränen, das wahnsinnige Glück des Wiedersehens«, erzählt Fannys Sohn in seinen Memoiren.

Sam legte der Scheidung viele Hindernisse in den Weg, so daß Robert Louis und Fanny in den Monaten, die der Prozeß dauerte, voneinander getrennt bleiben mußten, ohne sich zu sehen. Doch um seine Geliebte nicht zu beunruhigen, erzählte Robert Louis nicht, in welch schrecklicher Situation er sich befand. Bei zwei Gelegenheiten wäre er nämlich beinahe an Entkräftung gestorben. Das erste Mal wurde er von Cowboys gerettet, die ihn mitten in der Wüste im Fieberwahn fanden; und das zweite Mal rettete ihn seine Hauswirtin, die die

Tür zu seinem Zimmer aufbrach, nachdem er zwei Tage nicht mehr ausgegangen war. Sicherlich war Fanny für den Langmut dieses Mannes sehr dankbar, der ihr später eine lebenslange Rente zahlen sollte.

Im Januar 1880 erreichte Fanny endlich die Scheidung; im Februar wog Robert Louis nur noch vierzig Kilo und lag im Sterben. Außerdem setzten massive Lungenblutungen ein, die ihm das Sprechen verunmöglichten. Fanny ging zum Schlachthof hinunter, um Tassen voll Blut zu bekommen, die sie ihm zu trinken gab, und hütete ihn Tag und Nacht. Sie besaßen keinen einzigen Dollar; voller Angst telegrafierte sie an Roberts Eltern. Diese antworteten sofort: Sie verziehen ihrem Sohn und schickten Geld. Im Mai war Robert Louis wieder soweit hergestellt, daß sie heiraten konnten, wobei alle dachten, die Tage des Bräutigams seien gezählt: Fannys Hochzeitsgeschenk war eine Begräbnisurne.

Sie kehrten nach Europa zurück, und Fanny gelang es, ihre Schwiegereltern für sich zu gewinnen. Trotzdem waren die ersten acht Jahre der Ehe schrecklich. Robert Louis, der weiterhin von den Lungenblutungen gequält wurde, war ein Kranker im Endstadium. Aus dieser alptraumhaften Zeit stammt der Haß, den die Freunde von Robert Louis gegen Fanny entwickelten. Sie war nämlich eine eifersüchtige Krankenschwester: Sie zwang die Besucher, ihr Taschentuch zu zeigen, und ließ niemanden herein, der auch nur leicht erkältet war. Es war eine extreme, im Grunde jedoch vernünftige Haltung, denn die geringste Ansteckung löste Blutungen aus, die tödlich sein konnten. Weil damals noch nicht bewiesen war, daß Krankheiten über Mikroben übertragen werden konnten, sahen die Freunde sie als verrückt an.

Trotz seiner verzweifelten Lage schrieb Robert Louis in diesen Jahren an seinen beiden wichtigsten Werken weiter: *Die Schatzinsel* und *Der seltsame Fall des Dr. Jekyll und Mr. Hyde*. Beide Bücher hatten einen großartigen Erfolg und weihten ihn von heute auf morgen zu einem der berühmtesten Schriftsteller der Welt. Fanny kritisierte die erste Version von *Dr. Jekyll* als bar jeder allegorischen Tiefe, und sie war es, die ihm empfahl, die Dualität der Person zu verstärken. Robert Louis wurde wütend, beleidigte sie, war empört; doch kurze Zeit später kam er ins Wohnzimmer zurück und gab ihr recht; und nachdem er den Entwurf ins Feuer geworfen hatte, schrieb er den ganzen Roman noch einmal. Damals, in den ersten und entscheidenden Jahren, war Fanny seine beste literarische Beraterin.

Robert Louis hatte immer den Traum gehabt, exotische Meere zu befahren, deshalb beschloß Fanny 1889 einen Schoner zu mieten und in die Südsee zu reisen. Der Schriftsteller schien so krank, als er in San Francisco an Bord ging, daß der Kapitän glaubte, er würde keinen Monat lebend überstehen. Doch das Schiff und die tropische Hitze bewirkten Wunder: Robert Louis hörte auf, an den schrecklichen Blutungen zu leiden. Er war weiterhin ein kranker Mann, doch er war kein Invalide mehr. Sie besuchten die Marquesas-Inseln, Tahiti und die Gilbert-Inseln. Sie hatten Kontakt zum König Kalakaui von Hawaii und zum Häuptling Tembinok, dessen Krieger ihre Kanus mit Singer-Nähmaschinen ankerten. Sie fuhren durch abgelegene Archipele, deren Einwohner Kannibalen gewesen waren. Jedes Mal, wenn sie wieder Sydney in Australien anliefen, begannen Roberts Blutungen von neuem. Bald verstanden sie, daß sie nie mehr nach Europa zurückkehren konnten.

So kauften sie auf Samoa hundertdreißig Hektar Wald, und Fanny vollbrachte die unglaubliche Glanztat, das Gelände zu säubern und dort ein großes Haus zu bauen. Sie fing wieder an, Vorhänge zu nähen und Möbel zu zimmern; sie entwarf und errichtete eine Kanalisation, die für genügend Trinkwasser sorgte, und legte mit ihren bloßen Händen sogar einen Tennisplatz für ihre Kinder an. Dieses Paradies wurde Vailima genannt; und als sie alles fertiggestellt hatte, stürzte Fanny in ihre schlimmste psychische Krise.

Es war nicht nur Erschöpfung. Damals zog Robert Louis sie literarisch nicht mehr zu Rate. Er hatte sich die Sache der samoanischen Unabhängigkeit zu eigen gemacht und begann in *The Times* flammende Briefe zu veröffentlichen, in denen er den amerikanischen und britischen Imperialismus anprangerte. Diese Haltung wurde von Fanny geteilt, doch sie fürchtete mit gutem Grund, daß Robert Louis sein schriftstellerisches Talent vernachlässigte. Die Auseinandersetzungen zwischen ihnen nahmen zu, und Robert Louis begann sie als »dumme Bäuerin« zu bezeichnen; und, was noch schlimmer war, er erwählte sich Belle zu seiner Vertrauten und Sekretärin. Fanny dachte, sie müsse aus Eifersucht sterben: Sie wollte nicht essen, sie wollte nicht einmal rauchen, sie sprach nicht und bewegte sich nicht mehr. Robert Louis erschrak, denn er liebte sie sehr, trotz der Streitereien. Er pflegte sie mit Zärtlichkeit und Geduld, und nach und nach kam Fanny wieder zu sich.

Die letzten Jahre ihres Zusammenlebens waren vom Krieg der Eingeborenen überschattet. Die mit den Stevensons befreundeten Samoaner wurden von den Engländern besiegt und im Gefängnis von Apia, in der

Nähe von Vailima eingesperrt. Robert Louis und Fanny brachten ihnen tapfer Essen und medizinische Versorgung. Als die Eingeborenen ein Jahr später freigelassen wurden, bauten sie, als Geschenk für die Stevensons, eine Straße quer durch den Urwald bis nach Vailima. Sie wurde im Oktober 1894 fertiggestellt und Straße der Dankbarkeit genannt. Damals war Robert Louis vierundvierzig Jahre alt und Fanny fünfundfünfzig. Anderthalb Monate später, am 3. Dezember, stand Robert Louis wie immer früh auf und schrieb den ganzen Morgen. An diesem Tag machte sich Fanny Sorgen: Sie hatte eine Vorahnung, daß etwas Schreckliches geschehen würde. Um sechs Uhr nachmittags begann Robert Louis zusammen mit Fanny, die scherzte, um ihre schlimme Vorahnung vergessen zu können, Mayonnaise für das Abendessen zuzubereiten. Plötzlich ließ er einen Schrei los und faßte sich an den Kopf: »Was für ein Schmerz!« rief er und fiel bewußtlos zu Boden. Er hatte eine Gehirnblutung und starb innerhalb weniger Stunden.

Er wurde von seinen samoanischen Freunden auf dem Berg Vaea über Vailima beerdigt, und um dorthin zu kommen, mußten die Eingeborenen die ganze Nacht mit Macheten einen Pfad freilegen. Jahre später, 1915, begruben Belle und Ned dort auch die Asche von Fanny. Natürlich hatte damals die sechsundfünfzigjährige Belle den vierunddreißigjährigen Ned geheiratet: Vielleicht erinnerte ihn die Tochter an seine geliebte Fanny, vielleicht konkurrierte sie sogar posthum noch mit ihrer Mutter. Es war auf jeden Fall ein dauerhaftes Paar: Sie blieben dreiundzwanzig Jahre zusammen, bis zu seinem Tod.

Auf dem Grabstein von Robert Louis und Fanny auf

dem Berg Vaea steht das Gedicht geschrieben, das er seiner Frau gewidmet hatte: »Herrin der Zärtlichkeit, Kameradin und Geliebte, Gemahlin, Gefährtin auf den Pfaden des Lebens / treu bis zum Ende der Reise / mit freiem Geist und von ganzem Herzen / so ist die Frau, / die Gott mir schenkte.« Obwohl sie von Krankheit und Schmerz bedrängt waren, verstanden es Robert Louis und Fanny, intensiv zu leben und Helligkeit in das Dunkel zu bringen.

Arthur Rimbaud &
Paul Verlaine

Als sie sich kennenlernten, war Paul Verlaine siebenundzwanzig Jahre alt, verheiratet und ein ziemlich berühmter Dichter, während Jean-Arthur Rimbaud sechzehn Jahre alt und ein obskurer Provinzler war, der irritierende Verse schrieb. Sie trafen sich im September 1871 in Paris; zwei Jahre später versuchte Paul, Arthur zu erschießen. Dazwischen spielt sich eine bisweilen perverse und entwürdigende leidenschaftliche Beziehung ab. Sie waren, wie Rimbaud sagte, Höllengefährten.

Arthur flößte immer Furcht ein. Sogar als er klein war, als glänzender Musterschüler, der alle Schulwettbewerbe gewann; trotz seiner Gelehrigkeit fürchteten ihn die Lehrer: »Ja, gescheit ist er, aber er wird übel enden.« Er erschreckte die Leute, weil er einfach sonderbar war: Der Wahnsinn beunruhigt immer. Und Arthur war sicher nicht normal: weder sein außerordentlicher Verstand noch seine intensive Erlebnisfähigkeit. Er wurde 1854 in Charleville als Sohn einer Bäuerin und eines Infanterieoffiziers geboren, der seine Frau und seine vier Kinder verließ, als Arthur sechs Jahre alt war. Sie sahen ihn nie wieder.

Paul Verlaine & Arthur Rimbaud

Die psychische Überspanntheit hatte Arthur von mütterlicher Seite: Seine Mutter Vitalie war eine sehr seltsame Frau, die unfähig war, die geringste Zuneigung zu äußern, und seine beiden Onkel waren in geistiger Umnachtung geendet. Ohne Vater, ohne Geld im Haus und mit dieser Mutter muß Arthurs Kindheit schmerzlich gewesen sein. Bis zum fünfzehnten Lebensjahr war er, wie schon gesagt, ein Musterknabe. Er war so schön, daß es einem den Atem verschlug: androgyn, zart, mit großen dunkelblonden Locken und unvergeßlichen leuchtenden Augen. Ein Engel. Und von heute auf morgen wurde er zu einem Dämon.

Auf einmal geschahen viele Dinge. Es kam zum Deutsch-Französischen Krieg, und die Deutschen besetzten auch das Dorf Charleville. In Paris kam es zum Aufstand der Kommune. Und Arthur begann Gedichte zu schreiben. Das äußere Chaos des Kriegs und der Revolution traf mit Arthurs innerem Chaos zusammen, und die Schleusen der Konvention brachen zusammen. Da er von seiner strengen Mutter eingeengt wurde, lief Arthur dreimal von zu Hause weg. Seine dritte Flucht im Februar 1871, mit bereits sechzehn Jahren, endete im Paris der Kommune. Es war eine schreckliche Reise: Er hatte keinen Centime und mußte mehrere Wochen lang unter Brücken schlafen und im Müll wühlen, um etwas zu essen zu finden. Doch am schlimmsten war, daß er von Soldaten eines Bataillons vergewaltigt wurde; und daß er, außer einem Schrecken als Opfer, etwas in der Erniedrigung und der Gewalt des Überfalls fand, das ihm irgendwie attraktiv erschien. Diese Erfahrung war für ihn verheerend.

Arthur kehrte nach Charleville zurück und erlebte einen völligen Zusammenbruch. Er wusch sich nicht mehr, kämmte sich nicht, kleidete sich wie ein Bettler, ritzte mit der Spitze seines Messers »Scheiß auf Gott« in die Parkbänke, lungerte in den Cafés herum und wartete, daß ihm jemand ein Getränk spendierte; er lästerte Gott und erzählte lauthals grausige Geschichten, wie er es mit Hündinnen auf der Straße trieb; er hatte stets eine Pfeife mit dem Kopf nach unten im Mund. Also, lauter Verrücktheiten.

Außerdem verbrachte er Stunden in der Bibliothek und studierte Bücher über Okkultismus und Illuminismus. In jenen Monaten entwickelte Arthur seine Literaturtheorie des Sehers: Der Dichter sei ein Übermittler, ein Übersetzer der Gottheit: »Ich ist ein anderer«, sagte er und kompensierte wahrscheinlich sein inneres Gefühl der Entfremdung mit der Erklärung der homerischen Hellsichtigkeit. Er glaubte schließlich, daß er mit Hilfe von Drogen und Magie mit Gott verschmelzen, ja Gott sein und mit der schmerzhaften Trennung zwischen Gut und Böse Schluß machen könne. Und in diesen höchsten Zustand gelange man durch Infamie und Leiden.

Im Sommer des Jahres 1871 schickte Arthur, der nach Paris ziehen wollte, mit der Post ein paar Gedichte an Paul Verlaine, den Dichter, den er bewunderte. Verlaine, der über die Gedichte des Unbekannten begeistert und stets freigiebig und großzügig war, schickte ihm Geld, damit er in die Hauptstadt kommen konnte, und bot ihm seine Wohnung an: »Kommen Sie, teure große Seele, man ruft Sie, man erwartet Sie.« Mit so süßen Worten begann das Unheil.

Paul Verlaine flößte weniger Angst ein als Arthur Rimbaud, und doch war er in vieler Hinsicht gefährlicher als er. Er war ein Einzelkind, sein Vater war ebenfalls Offizier, doch Pauls Heim war viel gemütlicher und konventioneller, wohlhabender und bürgerlicher gewesen. Paul litt unter seinem Aussehen: »Er war von einer starken Häßlichkeit«, sagten sogar seine Freunde. Er hatte einen dreieckigen Kopf mit einem frühzeitig kahlen Schädel, ein sehr schwaches Rattenkinn und ein paar furchterregende Tartarenaugen: In seinen Porträts liegt etwas Abstoßendes. Verwöhnt und unreif, wie er war, hatte er schon als junger Mann aus seinem Leben eine Katastrophe gemacht. Nüchtern konnte er zärtlich und hilflos sein, doch er war Alkoholiker, und der Suff machte ihn blind und gewalttätig: Mit fünfundzwanzig Jahren versuchte er, seine verwitwete Mutter zu töten, später seinen eigenen Sohn als Baby, seine Frau und zuletzt Arthur.

Zu dem Zeitpunkt, an dem unsere Geschichte beginnt, hatte Pauls Mutter es gerade geschafft, ihn mit Mathilde, einer hübschen siebzehnjährigen Bürgertochter, zu verheiraten, und das Paar war in ihr wohlhabendes und angesehenes, doch nicht völlig verspießtes Elternhaus gezogen. Die Mutter war Musiklehrerin, zu ihren Schülern zählte Claude Debussy. Als Paul seinen Schwiegereltern von einem außergewöhnlichen Dichter aus der Provinz erzählte, schlugen sie vor, er solle ihn einladen. Arthur kam im September 1871 in das Haus: dreckig, stinkend, langhaarig, zerlumpt und voller Flöhe. Ganz zu schweigen von seinem abscheulichen Verhalten. Er machte auf alle einen verheerenden Eindruck, außer auf Paul, der sich in ihn verliebte. Paul war bisexuell und hatte bereits vorher Verhältnisse mit Männern gehabt.

Nach wenigen Tagen verließ Arthur wieder das Haus, denn ein Zusammenleben war unmöglich. Paul fand ihn zufällig ein paar Wochen später bettelnd und halb verhungert auf der Straße; er mietete schließlich für ihn eine Wohnung an und unterstützte ihn. Zunächst nahm er ihn zu seinen Dichterfreunden mit, doch Arthur machte sich mit seiner Art sofort bei allen zum Feind: Er beleidigte sie, lachte über ihre Gedichte und attackierte sogar einen aus dem Literaturzirkel mit einem Degenstock. Paul und Arthur wurden immer isolierter und jeden Tag berüchtigter: Es war offensichtlich, daß sie ein Paar waren, und es hieß, daß sie Sodomie trieben. Im November schrieb eine Zeitung: »Der saturnische Dichter Verlaine ging Arm in Arm mit einer bezaubernden Person, dem Fräulein Rimbaud.«

Paul hatte immer Angst, schwach (er war es) und bürgerlich (ebenfalls) zu sein, und der visionäre Arthur verunmöglichte es ihm, sich anzupassen, und gab seinem aberwitzigen Leben einen transzendenten Sinn. In der Verderbnis und dem Elend suchten sie die mystischen und poetischen Höhen. Beide waren Erben der Romantik und Kinder des Chaos. Sie lebten in einer Welt, die gerade Gott getötet hatte und entdeckte, daß das Böse in uns steckte (darüber sollten kurze Zeit später Robert Louis Stevenson in seinem *Dr. Jekyll und Mr. Hyde* und Sigmund Freud in seiner Theorie der Psychoanalyse sprechen), und um sich gegen so viel Verfall zu schützen, wollten sie eine »Vernunft der Unvernunft« begründen. Und so aßen sie Haschisch (damals wurde diese Droge nicht geraucht) und berauschten sich mit Absinth und Wermut, voller Sehnsucht, die Grenzen einer Rationalität zu überschreiten, die sich als nicht sehr brauchbar erwiesen hatte. Arthur konnte kaum noch klar sehen und delirierte Salons am Ende von Seen und orientalische Moscheen in den Silhouetten der Fabriken von Paris.

Die beiden Dichter hatten eine kranke und sadoma-
sochistische Beziehung aufgebaut. Arthur quälte Paul
auf tausenderlei Weise: Er beleidigte ihn, er erschreckte
ihn, indem er in einer dunklen Gasse über ihn herfiel
und ihm von Verbrechen erzählte, die er zu begehen
gedachte. Eines Tages bat Arthur Paul in einem Café, er
solle die Hände für ein Experiment auf den Tisch legen;
und als Verlaine sie ausstreckte, zog Rimbaud ein Messer und stach mehrmals zu. Nach solchen Anfällen und
Pauls Tränen, und nachdem der Rausch verflogen war,
zeigte sich Arthur für eine Weile zärtlich und sanftmütig; außerdem zogen sie sich sexuell stark an. Es gibt
Verse voll sinnlicher Leidenschaft.

Arthur quälte Paul, und Paul quälte die junge Mathilde. Wenn Paul betrunken und wahnsinnig nach
Hause kam, schlug er sie auf grausame Weise. An einem
Tag versuchte er ihr Haar anzuzünden, und an einem
anderen Tag brachte er ihr mit dem Messer Schnitte an
den Händen bei. Die verstörte Mathilde haßte Arthur:
Sie dachte, nicht ohne Grund, daß er ihren Ehemann
pervertierte. Schließlich, in einer Januarnacht des Jahres
1872, nahm Paul seinen Sohn, ein drei Monate altes Baby, und warf ihn gegen die Wand (das Kind überlebte
dank der vielen Kleider, die es anhatte); gleich darauf
versuchte er, Mathilde zu erdrosseln. Auf ihre Schreie
hin kamen die Schwiegereltern und konnten Paul gerade noch davon abhalten. Dann warfen sie ihn aus dem
Haus. Und in diesem ganzen Dreck und Elend schrieben
Arthur und Paul Gedichte, eines schöner als das andere.

Obwohl Paul von seiner Leidenschaft zu Arthur hingerissen war, fürchtete er ihn, und außerdem liebte er
seine Frau. Die zwei Jahre, die die Beziehung zwischen
den beiden Dichtern angedauert hat, sind voller Wech-

selfälle, die von Pauls Schwanken zwischen Mathilde und Arthur hervorgerufen wurden. Seine Frau drohte damit, sich scheiden zu lassen, und er schwor, sich zu ändern, und schickte Arthur nach Charleville, doch nach einem Monat rief er ihn wieder zu sich. Eines Tages ging Paul, Medizin für die kranke Mathilde holen, und Arthur bestürmte und bedrohte ihn, gemeinsam ins Ausland zu fliehen. »Und meine Ehefrau?« fragte Paul. »Sie soll zur Hölle gehen«, meinte Arthur.

In Wirklichkeit war es Paul, der zur Hölle ging: Ohne Gepäck und ohne etwas zu Hause zu sagen, floh er mit Arthur nach Belgien. Einige Tage später schickte er seiner Frau einen Brief: »Meine arme Mathilde, leide nicht und weine nicht; ich durchlebe einen Alptraum, doch eines Tages werde ich zurückkehren.« In einem letzten Versuch, die Ehe zu retten, fuhren Mathilde und ihre Mutter nach Brüssel, um Paul zu suchen. Es heißt, das Mädchen habe ihn zu sich ins Bett geholt, mit ihm geschlafen und ihn überredet, mit ihr zu kommen. Doch an der Grenze machte der Dichter einen Rückzieher und stieg aus dem Zug aus. Sie sahen sich nie wieder.

Der Rest der Beziehung von Arthur und Paul bestand aus weiteren Mißhandlungen, weiteren Tränen, weiteren Skandalen, Hin und Her, noch mehr Schmerz und noch mehr Wahnsinn. Sie lebten in London, trennten sich und taten sich erneut zusammen. Mathilde reichte die Scheidung ein und drohte damit, die Beziehung zwischen beiden öffentlich zu machen. Zur damaligen Zeit steckte Arthur in einer Schaffenskrise; er hatte erkannt, daß seine Theorie des Sehers nicht funktionierte, daß er nicht zu Gott werden konnte, daß er durch die Erniedrigung nur wahnsinnig wurde (viele Jahre später fragte ihn seine Schwester, warum er zu schreiben aufgehört hatte, und er antwortete, daß er verrückt geworden wäre, wenn er weiter Gedichte geschrieben hätte). Er verfaßte *Eine Zeit in der Hölle*, eine Art poetische Selbstkritik; und er nahm sich vor, Paul zu verlassen. Doch er hatte nicht genügend Kraft, es zu tun.

Im Sommer 1873 lebten sie wieder in London. Arthur verhielt sich dermaßen grausam zu seinem Geliebten, daß dieser eines Tages nicht mehr konnte und fortging; er rannte aus dem Haus, ohne sein Gepäck mitzunehmen, und bestieg ein Schiff zum Kontinent. Arthur, der Angst hatte, sein Opfer zu verlieren, schickte ihm einen heftigen und leidenschaftlichen Bettelbrief: »Komm zurück, komm zurück, liebster Freund. Mein einziger Freund, komm zurück! Ich schwöre, daß ich von nun an gut sein werde.«

Inzwischen hatte sich Paul in Brüssel niedergelassen und begann, allen schriftlich mitzuteilen, daß er sich umbringen werde: seiner Mutter, Arthurs Mutter, Mathilde, seinen Freunden. Und allen sagte er: »Und kein Wort zu irgend jemandem«, als ob er nicht gerade den ganzen Planeten über seinen Freitod unterrichten würde. Mama Verlaine kam natürlich, um ihren Sohn davon abzuhalten; die Tage vergingen, und Paul brachte sich nicht um. Schließlich, am 8. Juli, telegrafierte Paul an Arthur und bat ihn, nach Brüssel zu kommen: Er wolle sich von ihm verabschieden, denn er würde sich den spanischen Karlisten anschließen. Arthur kam am selben Tag: Zweifellos verlieh die Emotion seinen Füßen Flügel. Doch als sie sich sahen, begann das Gift wieder in seinen Adern zu wallen: Paul wollte nicht mehr weggehen, sondern die Beziehung zu Arthur fortführen; und Arthur, der sah, wie sich Paul ihm ein weiteres Mal hingab, wollte ihn nun verlassen.

So verbrachten sie höllische, für ihre Beziehung jedoch ganz gewöhnliche Tage: Sie tranken, weinten, schrien und liebten sich stürmisch. Am dritten Tag beschloß Arthur, zu gehen; und daraufhin schloß ihn der betrunkene Paul im Zimmer ein, zog eine Pistole und schoß dreimal auf ihn. Eine der Kugeln traf Arthurs Hand, die beiden anderen verirrten sich in der Wand. Als ihm klar wurde, was er getan hatte, lief Paul weinend aus dem Zimmer und warf sich in Mamas Arme. Arthur und seine Mutter beruhigten ihn, doch niemand von beiden dachte daran, sich um die Pistole zu kümmern. An diesem Nachmittag gingen die drei zum Bahnhof: Arthur wollte wegfahren, obwohl er verwundet war. Doch Paul war immer noch betrunken und außer sich: Er ging auf seinen Freund zu, und während er die Hand in die Tasche steckte, wo er die Waffe hatte, sagte er zu ihm, daß er dieses Mal nicht danebenschießen würde. Erschreckt lief Arthur weg, um Hilfe bei einem Polizisten zu suchen. Paul wurde verhaftet, und Arthur kam ins Krankenhaus, wo seine Wunde versorgt wurde. Der Skandal war unvermeidlich.

Am 8. August 1873 wurde Paul zu zwei Jahren Zwangsarbeit verurteilt: Das war die Höchststrafe für Körperverletzung, und zweifellos bekam er sie, weil er homosexuell war. Tatsächlich mußte er sich der Schmach eines ärztlichen Gutachtens unterziehen, und beim Prozeß kam heraus, daß sich genügend Anzeichen von aktiver und passiver Sodomie gefunden hatten. Arthur seinerseits wurde aus Belgien ausgewiesen, als er aus dem Krankenhaus kam. Die beiden waren am Ende: In der damaligen Zeit wurde Homosexualität, geschweige denn Sodomie, von niemandem akzeptiert. Paul wurde zur Strafe für sein Verhalten von seinen eigenen Freunden aus der Anthologie der Parnaß-Dichter von 1875 ausgeschlossen. Und Arthur, der schnell *Eine Zeit in der Hölle* veröffentlicht hatte, um zu sehen, ob er ein gewisses Ansehen wiedererlangen konnte, wurde von den literarischen Medien in Paris völlig isoliert. Im November jenen Jahres verbrannte Arthur seine Manuskripte und hörte für immer auf zu schreiben.

Arthur und Paul sahen sich nur noch ein einziges Mal, im Jahre 1875 in Deutschland, als Paul aus dem Gefängnis entlassen wurde; er war abstinent und voller guter Absichten, doch ihr Zusammentreffen endete in einem großartigen Besäufnis und einer wilden Schlägerei: Arthur ließ ihn besinnungslos am Ufer des Neckars zurück. Nach diesem einen Rückfall in alte Gewohnheiten schaffte Paul es, jahrelang ohne Alkohol auszukommen. Doch 1882 hing er von neuem an der Flasche. Er hatte Syphilis, war ein Säufer und ruiniert; er war ein gebrochener Mann, und seine Gedichte verloren an Qualität. Der Tod seiner Mutter erledigte ihn restlos: Seine letzten Jahre verbrachte Paul im Wechsel von einer zur anderen Armenklinik. Er starb an einem Morgen des Jahres 1896, mit zweiundfünfzig Jahren und völlig vereinsamt.

Auch Arthur bekam Syphilis, doch sein weiteres Leben verlief völlig anders als Pauls. Er wurde zu einem Abenteurer, einem Reisenden, einem Handarbeiter: Er wollte durch die Tat, durch das einfache und schwierige Leben zur Vernunft finden. In Zypern wurde er Aufseher in Steinbrüchen und Maurermeister. Er fuhr nach Somalia und Äthiopien, und in Harar war er bei einem Kaffeehandelsunternehmen beschäftigt. Er trank nur Wasser, aß kaum, arbeitete wie ein Tier und war entsetzlich asketisch. Er erforschte unbekannte Gegenden von Afrika und handelte mit Waffen. Er hatte die Literatur aufgegeben, um selbst zu einer literarischen, rätselhaften und von seinem Schicksal verfolgten Conradschen Figur zu werden.

Im Februar 1891 wurde mitten in Afrika bei ihm ein schrecklicher Knochentumor im Knie festgestellt. Arthur mußte entsetzliche Schmerzen aushalten, wobei er glaubte, es sei Rheuma, doch schließlich mußte er im April nach Frankreich zurückkehren, wo ihm das ganze Bein amputiert wurde. Doch der Krebs hatte sich bereits ausgebreitet: Monat für Monat schritt der Verfall und mit ihm das Leiden fort. Arthur war praktisch gelähmt und weinte den ganzen Tag: nicht mehr über die großen Schmerzen, sondern aus Kummer. Er starb am 10. November 1891, kurz nach seinem siebenunddreißigsten Geburtstag; und sein ehemaliger Geliebter kam nicht zum Begräbnis. In ihrem Niedergang hatten beide etwas gemeinsam: Als sie nach der Literatur gefragt wurden, antworteten Arthur und Paul: »Scheiß auf die Poesie, Scheiß auf den Ruhm.«

Kleopatra & Antonius

Liebten sich Antonius und Kleopatra wirklich so sehr? Selbstverständlich brauchten sie sich, und dieses Bedürfnis nach einander ist zweifellos der stärkste Bestandteil der Liebe. Die faszinierende Kleopatra brauchte Antonius, um ihre monumentalen politischen Pläne durchführen zu können; und Antonius, der lethargisch und unbedeutend war, brauchte Kleopatra für alles: um morgens aufstehen zu können, um zu existieren, um zu leben.

Das Drama spielte sich im 1. Jahrhundert vor Christus ab. Dreihundert Jahre zuvor hatte Alexander der Große Alexandria gegründet; als er starb, begründete sein Nachfolger Ptolomäus, wie er Mazedonier, die ptolomäische Dynastie, die immer noch über Ägypten herrschte, als Kleopatra 69 v. Chr. geboren wurde. Damals war die ägyptische Hauptstadt Alexandria die reichste und schönste Stadt der Welt und zudem eines der größten Handelszentren, an dem die Kaufleute aus Europa, Asien und Afrika zusammenkamen. Es besaß den berühmten Leuchtturm der Insel Faros, der hundert Meter hoch und vollständig mit Marmor verkleidet war.

Kleopatra & Antonius

Aus Marmor bestanden auch die zahlreichen Paläste, alle im hellenistischen Stil, und die sehr berühmte, in der antiken Welt einzigartige Bibliothek mit über 700 000 Schriften.

Was Handel, Kosmopolitismus, Urbanismus und geistiges Leben betrifft, so war Alexandria der Mittelpunkt der Welt: Hier wirkten Genies vom Schlage eines Archimedes oder Euklides, zum Beispiel. Doch die politische Organisation war ein Desaster. Die Ptolomäer wurden von Generation zu Generation schwächer; sie waren berühmt für ihre Gewohnheit, unter Geschwistern zu heiraten, doch noch viel berühmter für ihren Hang, sich gegenseitig umzubringen. Die Mütter richteten ihre Kinder hin, die Kinder vergifteten ihre Mütter, Brudermord war genauso üblich wie Inzest. Es war eine reizende Familie. Kleopatra führte die Tradition fort, heiratete zwei ihrer Brüder, führte Krieg gegen den ersten, der im Kampf starb; und sie ermordete den zweiten, als dieser erst fünfzehn Jahre alt war. Doch sie war eine sagenhafte Königin, die für wesentliche Verbesserungen in ihrer dekadenten Dynastie sorgte.

Während Kleopatras Vorfahren ihr Glück und ihren Einfluß vergeudeten, konsolidierte sich im nördlichen Mittelmeerraum die kolossale militärische und politische Macht der Römer, die von den hochentwickelten Ägyptern für Barbaren gehalten wurden. Es war nur natürlich, daß das ehrgeizige Rom mit gierigen Augen auf das so reiche und so chaotische Alexandria schaute. Unter dem Vorwand, zwischen Kleopatra und ihrem Bruder Frieden zu stiften, fuhr Cäsar nach Ägypten, in Wirklichkeit jedoch, um die Finger nach dem reichen Kuchen Alexandria auszustrecken (natürlich war er es, der zufällig die Bibliothek niederbrannte). Cäsar war damals sechsundfünfzig Jahre alt, Kleopatra zwanzig. Alle wissen, daß sie ihn eroberte; und auf diese Weise rettete sie wahrscheinlich die formale Unabhängigkeit Ägyptens. Sie bekamen einen Sohn, Cäsarion; und später nahm Cäsar Kleopatra mit nach Rom. Insgesamt waren sie weniger als zwei Jahre zusammen, denn bald wurde der Staatsmann ermordet. Daraufhin wurde die Macht aufgeteilt unter einem gewissen Lepidus, Marcus Antonius, der damals Konsul war, und Octavian, einem neunzehnjährigen Jungen, der Adoptivsohn Cäsars. Als Kleopatra dies erfuhr, floh sie mit Cäsarion nach Ägypten, da sie fürchtete, ihr Sohn würde vom Adoptivsohn ermordet werden. Und sie hatte recht: Octavian, der später zum berühmten Kaiser Augustus wurde, ließ Cäsarion vierzehn Jahre später töten. Doch um so weit zu kommen, muß sich erst das unglaubliche Drama zwischen Antonius und Kleopatra abspielen.

Sie ging vor allem durch ein Genie wie Julius Cäsar in die Geschichte ein, doch sie war zweifellos eine außergewöhnliche Persönlichkeit. Sie galt als besonders schön, doch das Geheimnis ihrer phänomenalen Attraktivität lag nicht in ihrem Äußeren, sondern in ihrer Intelligenz: »Ihre Schönheit war nicht an sich unvergleichlich«, schreibt Plutarch in seinen *Griechischen und römischen Heldenleben*, »aber ihr Gesichtszug hatte einen unweigerlichen Haken.« Abgesehen von ihrer Unbarmherzigkeit war Kleopatra gebildet, raffiniert, klug und anmutig; sie verstand etwas von Politik und von Kriegsführung, kannte sehr viele Sprachen, so daß gesagt wurde, sie bräuchte keine Dolmetscher; und sie war feminin, grazil und scheinbar weich, wenn auch in ihren Adern statt Blut glühende Lava floß.

Er hingegen ging dank Kleopatra in die Geschichte

ein: Ohne die Königin von Ägypten würden wir uns heute nicht an diesen einfältigen Römer erinnern. Äußerlich war Antonius ein eindrucksvoller, hübscher, starker und athletischer Mann. Doch in diesem schönen Kopf brütete nur Niedertracht: »Er besaß einen leeren, aufgeblasenen und dreisten Charakter, voll eitler Arroganz und unausgeglichenem Ehrgeiz«, meint Plutarch. Antonius stammte aus einer armen Familie, und bereits als sehr junger Mann gab er sich einem wüsten Lebenswandel hin. Er hatte zahlreiche Liebhaber beiderlei Geschlechts, jeweils die schlimmsten aus dem Hause. Er war Spieler, permanent betrunken und verschwendete sein Geld in absurden Gelagen, so daß er exorbitante Schulden hatte. Überallhin zog er einen Hof von Gaunern und Huren übelster Sorte mit sich, und manchmal ließ er seinen Wagen von Löwen ziehen, denn er hielt sich für einen Nachkommen von Herkules. Antonius liebte es, Auftritte zu inszenieren: In Magnesia beispielsweise jagte er einen armen Bürger aus seinem Haus und schenkte den Besitz einem Koch, der für ihn eines seiner opulenten Feste ausgerichtet hatte.

Er war grob, ungebildet und hatte einen Kasernenton, was ihn bei den Soldaten allerdings sehr beliebt machte. Diese Popularität brachte ihm, gepaart mit seiner Energie und einigen militärischen Siegen, das Amt des Konsuls ein. Als Cäsar, der angeblich sein Freund war, ermordet wurde, überredete Antonius die betrübte Witwe Calpurnia, ihm das persönliche Vermögen ihres Gatten auszuhändigen, damit er es behüten könne: Natürlich gab er es nie zurück. Und als er ins Triumvirat aufstieg, erstellte er mit Octavian eine Liste über zweitausendzweihundert politische Gegner und ließ sie ermorden, wobei sie sich deren Vermögen einverleibten.

Antonius hatte ein Talent zur Grausamkeit und war so überdreht, daß man vermuten muß, daß er leicht verrückt war.

Wahrscheinlich kannten sich Antonius und Kleopatra bereits von früher, doch das erste offizielle Treffen fand 41 v. Chr. statt, als er zweiundvierzig und sie siebenundzwanzig Jahre alt war. Antonius und Octavian übten unter großen Spannungen und voll Mißtrauen gemeinsam die Macht aus; um einen Bürgerkrieg zu vermeiden, teilten sie ihre Einflußzonen auf, und Antonius bekam den Osten. Er war in Tarsus, auf dem Weg zu einem »friedensstiftenden« Scharmützel, als er Kleopatra befahl, zu ihm zu kommen. Die Königin hatte einen spektakulären Auftritt: Sie kam über den Fluß in einem Schiff mit purpurroten Segeln und silbernen Rudern. Sie thronte auf dem Deck, war mit Gold bestäubt, und anmutige nackte Mädchen, die wie kleine Amors aussahen, fächerten ihr Luft zu. Auf der Mole begannen einige Agenten Kleopatras in der Menge, die sich zusammendrängte, um das Wunderwerk zu sehen, das Gerücht zu verbreiten, daß es sich um Venus selbst handelte, die kam, um sich zum Wohle Asiens mit Dionysos zu vereinen. Mit dieser meisterhaften Inszenierung schmeichelte die Königin Antonius, als sie ihn mit Dionysos verglich; sie bot sich selbst als Göttin der Liebe an und definierte bereits den Charakter ihrer Beziehung: Sie würde »Asien zum Wohle« gereichen. In Kleopatras Kopf wimmelte es von Imperien.

Antonius war von der Königin so fasziniert, daß er seine Kriegspläne aufgab und mit Kleopatra nach Alexandria fuhr, wo er den ganzen Winter verbrachte. Doch im Frühjahr ließ ihn ein Bürgerkrieg nach Rom zurückkehren. Zur damaligen Zeit war Antonius noch

ein siegreicher Militär, der bei den Legionen hohes Ansehen genoß; Octavian zog es vor, sich nicht mit ihm anzulegen, so daß sie die Fortführung des Triumvirats be-
siegelten, und um das Abkommen zu stärken, heiratete
Antonius Octavians Schwester namens Octavia, eine
sehr schöne und zudem gescheite junge Frau (schöner
noch als Kleopatra, behaupten die Zeitgenossen). Antonius hielt sich vom Jahr 40 bis zum Jahr 37 von Ägyptens Königin fern. Doch Octavias Attraktivität war nicht
unvergänglich. Als Antonius auf einen Feldzug gegen
die Parther ging und nach Syrien kam, ließ er sogleich
Kleopatra zu sich kommen. Und nun trennten sie sich
nie mehr.

Kleopatra wußte, daß sie allein gegen Rom nichts
auszurichten vermochte. Ihre Herrschaftsträume konnten sich nur entfalten, wenn sie die Römer spaltete, oder
noch besser, wenn sie einen Teil von Rom in jenes Pro-
jekt einverleibte, das ihr Herz erwärmte: in das ägyptische Großreich. Ihr ehrgeiziger Plan war ausgeklügelt,
doch sie wählte dafür den falschen Mann. Vielleicht hatte sie keine andere Wahl, oder sie ließ sich von Antonius'
körperlicher Schönheit betrügen und bezaubern, obwohl sie den Verstand einer Kleopatra hatte: ein durch-
aus menschlicher Fehler. In den zehn Jahren, die sie
zusammenlebten, war sie ihm treu, behandelte ihn offenbar liebevoll und schenkte ihm drei Kinder.

Er war seinerseits völlig von der Königin besessen. In
Rom zerrissen sich seine Feinde das Maul über den Zauber, der ihn zum Idioten machte. Er sei ein Pantoffel-
held, sagten sie ihm nach: Die Ägypterin beherrsche ihn
wie einen Hampelmann. Tatsächlich lief für Antonius
alles schlecht, seit er mit Kleopatra zusammen war. Er
stellte ein gewaltiges Heer gegen die Parther zusam-

men, doch er plante den Feldzug mit so geringem strategischen Verständnis, daß der Krieg mit einem schrecklichen Gemetzel und mit einer beschämenden Niederlage endete. Schlechte Einflüsse der Königin? Wahrscheinlich, doch nur in dem Sinne, daß Kleopatra ihn anspornte, Herausforderungen anzunehmen, die seine Fähigkeiten überstiegen. Antonius besaß weder Cäsars Kopf noch seine Veranlagung. Vielleicht brauchte er deswegen Kleopatra so sehr: weil er sich selbst nur durch ihre Augen groß sah.

Doch die Mißerfolge schmälerten nicht seine Prahlerei, und Antonius fing an, Kleopatra große Besitztümer zu schenken, die dem Römischen Reich gehörten: die phönizische Küstenregion, Jericho … In Rom wurde es natürlich sehr schlecht aufgenommen, daß er Heimatgebiete an ein anderes Land abgab. Ein Krieg wurde unvermeidlich.

Octavian erklärte Kleopatra den Krieg ohne den geringsten Hinweis auf Antonius: Indem er ihn so ignorierte und damit denen Recht gab, die ihn für einen Hampelmann hielten, entzog er ihm die Unterstützung seiner Landsleute. Antonius, der noch auf eine gute Anzahl römischer Soldaten zählen konnte, stellte ganz Asien gegen Octavian auf die Beine. Mit seinen Legionen, den ägyptischen Soldaten und seinen Verbündeten versammelte er eine Armee von 110 000 Mann und 500 Schiffen. Octavians Streitkräfte waren etwas weniger, 100 000 Mann und 400 Schiffe, doch viel disziplinierter.

Vom ersten Moment des Feldzugs an bewies Antonius einmal mehr militärische Ungeschicklichkeit. Octavian ergriff die Initiative; er schnitt den Nachschub der feindlichen Armee ab und siegte in allen kleinen Scharmützeln, die sie führten. Die Schlacht hatte praktisch noch gar nicht angefangen, da war Antonius eigentlich schon geschlagen: Seine Truppen waren umzingelt und ohne Nahrung, und jede Nacht desertierten die Soldaten zu Hunderten. Verzweifelt und voller Paranoia ließ Antonius seine eigenen Leute dezimieren, den König eines kleinen arabischen Staats zu Tode foltern und den Senator Quintus Postumus bei lebendigem Leibe vierteilen, um die Auflösung der Armee zu stoppen: eine seltsame Art, die Moral der Kämpfer zu heben. Er argwöhnte schließlich sogar, daß Kleopatra ihn vergiften wollte. Die Königin, die mit ihm auf dem Schlachtfeld war, erklärte Antonius, daß sie, wenn sie gewollt hätte, ihn tausendmal hätte vergiften können; und kaum hatte sie dies ausgesprochen, zog sie sich zurück und vergiftete heimlich einen Kelch mit Wein. Als Antonius den Kelch an seine Lippen führte, hielt ihn Kleopatra an und ließ den Wein einen armen Gefangenen trinken, der augenblicklich unter furchtbaren Schmerzen starb. Dieser so dramatische und so didaktische Beweis beruhigte vorläufig Antonius' Mißtrauen, und Kleopatra konnte vor ihm sicher sein.

Zu guter Letzt standen sich die beiden Armeen in der Seeschlacht von Actium gegenüber. Damals waren Antonius' Streitkräfte so geschwächt, daß der Römer die Hälfte seiner Schiffe verbrennen mußte: Er schickte nur 200 von ihnen in den Kampf, obwohl sie vollständig ausgerüstet und mit seinen Spitzen-Legionären besetzt waren. Insgeheim wußte Antonius, daß er gegen Octavian nicht gewinnen konnte: Er plante, seine Verteidigungslinien zu durchbrechen und nach Alexandria zu entkommen, in der Hoffnung, die Soldaten dort reorganisieren zu können. Doch dies wußten seine Männer natürlich nicht. Beide Parteien lieferten sich erbittert stundenlange Gefechte, bis plötzlich Kleopatra, die sich an der Spitze von 60 ägyptischen Schiffen in der Nachhut befand, beschloß, umzukehren und mit ihrer Flotte zu fliehen. Und Antonius, der dies vom Flaggschiff aus sah, sprang auf ein Segelboot, fuhr hinter ihr her und ließ seine Männer im Stich. Antonius' Soldaten kämpften noch mehrere Stunden, ohne zu wissen, daß ihr General sie verraten hatte, doch schließlich gelang es Octavian, die feindlichen Schiffe in Brand zu stecken. Alle Schiffe brannten wie Fackeln, und das Meer von Actium erleuchtete in einem ungeheuren Glanz.

Inzwischen hatte Antonius Kleopatras Schiff erreicht und war an Bord gegangen. Doch er wagte es nicht, sich mit ihr anzulegen: Während der dreitägigen Überfahrt blieb Antonius auf dem Vorderschiff, weitab von allen und vielleicht über seine eigene Gemeinheit verzweifelt. Sie kamen so schnell nach Alexandria zurück, daß sie vor der Nachricht ihrer Niederlage eintrafen. Kleopatra ließ die Schiffe schmücken, als ob sie siegreich zurückkehren würde; dank dieser Finte konnte sie ohne weitere Probleme an Land gehen, und in derselben Nacht ließ sie ihre politischen Gegner enthaupten, die sie gestürzt hätten, wenn sie von ihrer Niederlage erfahren hätten. Danach warteten die Königin und Antonius auf das Unvermeidliche: die verhängnisvolle Ankunft des Feindes.

Octavian brauchte ein Jahr, bis er kam. In dieser Zeit ließ Kleopatra ihre eigene Grabstätte bauen, vergiftete etliche Gefangene, um herauszufinden, welches das Gift war, das die geringsten Schmerzen verursachte, und gründete die Gesellschaft des Todes, eine Bruderschaft, die sich dem intensiven Genuß des Lebens angesichts des nahen Endes widmete. Und so floß in Alexandria der Wein, und die Nächte vergingen in phantastischen Orgien, während der Klang der Kriegstrommeln immer näher kam. Tagsüber tauschten sie Nachrichten mit Octavian aus. Antonius wollte seinen Kopf retten, doch Octavian war nicht bereit, ihm zu vergeben. Kleopatra begann ihrerseits heimlich mit dem Sieger zu verhandeln: Sie versuchte das Leben ihrer Kinder, die Unabhängigkeit Ägyptens und sogar den Thron zu retten … Als schließlich die feindlichen Truppen einzogen, gab Kleopatra ihrer eigenen Armee den geheimen Befehl, keinen Widerstand zu leisten. Das war das Vernünftigste; doch Antonius, der wußte, daß die Kapitulation für ihn den sicheren Tod bedeutete, betrachtete diese Passivität als Verrat. Und verdächtigte Kleopatra.

Als Octavian die Tore der Stadt erreicht hatte, mußte die Gefahr für Kleopatra, sowohl von seiten des Feindes als auch vom mißtrauischen Antonius, wohl so groß gewesen sein, daß die Königin sich mit zwei Sklavinnen in ihrem Grabmal einschloß und das Gerücht in Umlauf setzte, sie habe sich umgebracht. Als Antonius die Nachricht erfuhr, verstand er endlich, daß alles vorbei war; er versuchte, sich das Leben zu nehmen, doch da er ein Feigling war, mißlang es ihm. Er hatte sich ein Schwert in den Bauch gerammt, wälzte sich unter großen Schmerzen und bat schreiend um den Gnadenstoß. Niemand wagte es. Als Kleopatra von seinem Zustand erfuhr, befahl sie, ihn in das Grabmal zu bringen. Da die Tür versiegelt war, mußten sie Antonius an ein Seil binden und ihn durch ein Fenster hieven. Es war eine schmachvolle, tragische und theatralische Szene, mit dem korpulenten Römer, der am Seil hing, eine blutende und baumelnde Last, die Kleopatra und ihre beiden Sklavinnen unter großen Schwierigkeiten hochzogen. Im Grabmal starb Antonius in den Armen seiner Geliebten. Es heißt, daß sie bitter um ihn weinte, und ich glaube es: Mit ihm starben ihre ganze Jugend, ihre Träume nach Ruhm und ihre Zukunft. Sie war neununddreißig Jahre alt und er fünfundfünfzig. Wenige Tage später, als sie bereits Octavians Gefangene war, brachte sich Kleopatra mit Viperngift um, damit sie nicht die Schande erleben mußte, als Kriegstrophäe ausgestellt zu werden. Sie verstand es, würdig zu sterben. Er hingegen starb als Geck, der er war.

Dashiell Hammett &
Lillian Hellman

Was verbindet mehr als Sex? Was ist stärker als das Lockmittel des Fleischs? Vielleicht der Schmerz: die geteilte Verletzung. Und die Zuneigung, die manchmal aus der Überwindung der Verletzung entspringt. Den genialen Krimiautoren Dashiell Hammett und die Dramaturgin Lillian Hellman verbanden das Leiden und gegenseitige Trösten. Ihre Beziehung bestand drei Jahrzehnte, wenn sie auch (oder weil sie) sehr wenig zusammenlebten und noch andere Geliebte hatten. Lillian überlebte Dashiell um fünfzehn Jahre, und in jener Zeit erfand sie in ihren Memoiren, im Rückblick, eine leuchtende und prächtige Liebesgeschichte. Dem war nicht so, doch gewiß war ihre Beziehung so tief, daß nur der Tod das Band zerreißen konnte. Ich vermute, daß wir das, was sie verband, die Melancholie, der Wunsch und die Unmöglichkeit, sich wirklich zu mögen, das Bedürfnis und die Frustration, gemeinhin Liebe nennen.

Lillian war häßlich, sehr häßlich, potthäßlich. Sie wurde 1905 in New York als Tochter eines armen jüdischen Handelsvertreters geboren. Sie haßte es, Jüdin zu sein und arm zu sein und vor allem so häßlich zu sein.

Dashiell Hammett & Lillian Hellman

Sie war ein aufsässiges und unerträgliches Kind und wurde später ein unruhiges und kühnes Mädchen. Sie durchlebte ihre Jugend in den tumultuösen und liberalen zwanziger Jahren, und wie einige andere Frauen ihrer Generation wollte sie die Welt in vollen Zügen genießen. Sie rauchte, fluchte und trank; sie spielte Poker wie ein Profi und ging mit allen attraktiven Männern ins Bett, die in ihre Nähe kamen. Lillian machte viele Eroberungen: Sie war sehr dreist, sehr aufgeweckt und sehr witzig. Sie färbte sich die Haare rot, trug die neueste Mode und hatte den Ruf, im Bett ein wahres Wunder zu sein. Kurz und gut, sie war »eine Frau mit Haaren auf der Brust«, wie Dashiell später sagen sollte.

Dashiell Hammett ist 1894 geboren und war schön, sehr schön, bildschön. Er war fast zwei Meter groß, und seit dem Alter von fünfundzwanzig Jahren hatte er vollkommen weißes Haar. Er war ein harter Junge, doch der Alkohol und einige Krankheiten zehrten ihn aus: Am Ende seines Lebens sah er aus wie ein Skelett. Doch immerhin wie ein elegantes Skelett. Dashiell war noch ärmer als Lillian und mußte mit dreizehn Jahren die Schule verlassen, um Geld zu verdienen. Er trug Zeitungen aus, war Verwaltungsangestellter und Dienstbote. Außerdem arbeitete er ein Jahrzehnt lang als Privatdetektiv für die berühmte Pinkerton-Agentur.

Während des Ersten Weltkriegs in der Armee zog er sich eine Lungenentzündung zu, die sich zur Tuberkulose auswuchs. Von da an litt er viele Jahre lang an schrecklichen TBC-Anfällen, die ihn an den Rand des Todes brachten: Manchmal war er so hinfällig, daß er vom Bett zur Toilette eine Stuhlreihe aufstellen mußte, um das Zimmer durchqueren zu können. Er mußte ständig ins Krankenhaus, und in einem dieser Spitäler lernte er

Josephine, eine Krankenschwester, kennen. Josephine war von einem anderen Mann schwanger, und Dashiell beschloß, sie zu heiraten (ihre Tochter Mary erfuhr nie, daß Dashiell nicht ihr Vater war). Manchmal war Dashiell so charmant, sanftmütig und großzügig. Bei anderen Gelegenheiten schien er ein Ungeheuer zu sein. Wenn er betrunken war, wurde er zum Dämon, und er war oft betrunken. Dann schlug er Josephine und das Mädchen Mary, jedoch nicht Jo, die seine eigene Tochter war, die er mit Josephine hatte. Er schlug auch Lillian Hellman später. Und ein Fotomodell zeigte ihn wegen Vergewaltigung und Mißhandlung an.

Trotz all dem liebten ihn die Frauen. Weil er so schön war und ein Genie. Aber er führte sie ins Verderben, daran bestand kein Zweifel. Die Frauen liebten ihn aber auch wegen seines Herzens. Wegen der Zärtlichkeit, die man unter der ganzen Wut und dem ganzen Schmerz erspähte, einer eingeschlossenen Güte, die er nur selten herauslassen konnte. Die Frauen haben stets diesen unwiderstehlichen Impuls gespürt, Männer vor sich selbst zu retten.

Lillian und Dashiell lernten sich im November 1930 in Los Angeles kennen. Zur damaligen Zeit war Lily fünfundzwanzig Jahre alt und mit Kober verheiratet, einem Drehbuchautor für Hollywood, der sie vergötterte und den sie offen betrog (was nicht das richtige Wort ist, denn die Bohemiens von damals lebten in sogenannten freien Beziehungen). Dash war sechsunddreißig und ein Modeschriftsteller: Er hatte gerade mit unglaublichem Erfolg vier Romane veröffentlicht. Er engagierte einen Chauffeur und einen Butler, verdiente haufenweise Geld und gab es aus, als ob es ihn stören würde. Josephine und den Kindern, die in einer anderen

Stadt wohnten, hatte er einen Packard geschenkt; doch dann vergaß er ihn zu bezahlen, und er wurde wieder abgeholt. Manchmal vergaß er auch, ihnen Geld für Essen zu schicken.

Vor der Nacht, in der sich Lily und Dash kennenlernten, hatte er fünf Tage lang durchgetrunken. Es war in einem Klub. Lily sah Dash auf dem Weg zur Toilette vorbeigehen und war entzückt. Sie ging hinter ihm her, sprach ihn an und schaffte es, sich die ganze Nacht mit ihm zu unterhalten (dies war die Art und Weise, wie die häßliche Lily anbändelte: mit Worten). Darauf folgten die Leidenschaft und das Bett. Wenigstens von Lily aus: Er war nahezu unfähig, sich ernsthaft auf etwas einzulassen.

Was noch schlimmer war, und das wußte Lillian damals nicht: Dashiell war in eine Schaffenskrise geraten, die zu seinem Verderben werden sollte. Man nahm an, daß er an seinem fünften Roman, *Der dünne Mann*, arbeitete, doch tatsächlich schrieb er keinen einzigen Satz. Während er in der Außenwelt gefeiert wurde, sah er sich selbst als gescheitert an. Daher trank er sehr viel. Das erste Jahr ihrer Beziehung war der reinste Wahnsinn. Sie hatte oft ein blaues Auge oder blaue Flecken von Dashiells Schlägen, und eines Tages auf einer Party versetzte Dashiell Lillian vor allen Gästen einen Faustschlag. Inzwischen schickte der Verleger Knopf Brief um Brief und fragte nach dem Manuskript von *Der dünne Mann*. Eines Tages im Jahr 1931, nachdem er fünfzehn Monate lang nicht mehr hatte schreiben können, schloß sich Dashiell in ein Hotelzimmer ein und posaunte in alle Welt hinaus, er würde sich das Leben nehmen. Die alarmierte Josephine kam zu seiner Rettung herbei, doch ihr Ehemann ließ sie nicht herein. Daraufhin war Lillian an der Reihe: und ihr gelang es, hineinzukommen. »Warum, um Himmels willen?« fragte Lily verzweifelt. »Ich bin ein Trottel«, antwortete der tiefbetrübte Dashiell. Trotz seiner Intelligenz und seines Talents war er emotional gesehen noch ein Kind, und die Welt war zu groß für ihn. Er litt sehr an dieser Lebensunfähigkeit.

Mal lebten sie ein paar Monate zusammen, und mal lebten sie wieder getrennt: in verschiedenen Hotels und in verschiedenen Städten. Er schlief mit so vielen Frauen, wie er konnte, vor allem mit schwarzen und asiatischen Prostituierten, und holte sich einen Tripper nach dem anderen. Sie hatte auch ihre Geschichten; gelegentlich wurde sie schwanger und unterzog sich mehreren Abtreibungen. Inzwischen war auch sie dem Alkohol verfallen, um Dash nahe zu sein. Dashiell hielt Lily aus, und er tat es verschwenderisch: Er überhäufte sie mit unglaublichen Geschenken. Wenn sie getrennt waren, schrieb ihr Dashiell liebevolle Briefe. Er war nur dann in der Lage, ihr zu sagen, daß er sie liebte, wenn er weit weg von ihr war.

In einer übermenschlichen Anstrengung schaffte es Dashiell, seinen letzten Roman, *Der dünne Mann*, zu Ende zu schreiben. Doch das Buch fiel gegenüber seinen ersten Arbeiten ab, und er wußte das. Er verkündete, von nun an »normale« Romane und keine Krimis mehr zu schreiben. Nachts berauschte er sich an William Faulkner, dessen Werk er jedoch für überbewertet hielt. Wahrscheinlich strebte Dashiell nach Höherem, nach viel Höherem; vielleicht waren seine literarischen Ambitionen so gewaltig, daß er sich, von der Dimension des möglichen Scheiterns erschreckt, nicht zu schreiben traute. Dafür überredete er Lillian, die nur ein paar Erzählungen veröffentlicht hatte, ein Theaterstück zu

schreiben. Er lieferte ihr sogar eine Idee für die Hand-
lung. Lillian, die nicht von der ungeheuren Größe ihres
eigenen Anspruchs blockiert war, begann am Entwurf
von *The Children's Hour* zu arbeiten. Dashiell war grausam zu ihr: Er demütigte sie, er sagte ihr, daß ihr
Geschreibsel nichts tauge, er zwang sie sechsmal, das
Manuskript neu zu schreiben. Doch er war auch ihr perfekter Ratgeber, ihr Mentor, ihr Lehrmeister. Er ver-
wandte sehr viel Zeit und sein ganzes Talent darauf, Lillians Text zu korrigieren, und manchmal tippte er
die Seiten sogar selbst ab. Als Dashiell schließlich *The
Children's Hour* für akzeptabel erklärte, war das Werk zu
einem Gutteil ein Produkt von ihm, was Lillian ihr
ganzes Leben lang offen zugab.

Danach kam das Schlimmste. Es war Lillian, die für
sich alleine eine Möglichkeit suchte, das Werk aufzu-
führen. Während am Broadway geprobt wurde, fuhr
Dashiell nach Hollywood, angeblich um an einem Drehbuch mitzuarbeiten. Er war ins Trudeln gekommen: Er
trank mehr denn je, arbeitete nicht, schrieb Lily einen
Brief nach dem anderen, in denen er sie bat, alles lie-
genzulassen und zu ihm zu kommen. Dies war eine Art
egoistischer und infantiler Liebesbeweis, denn sie konnte natürlich nicht kommen. Lillian stand in der Endphase der Proben, so daß sie dem Ruf von Dashiell nicht
Folge leistete. Am Tag der Uraufführung rief Dahiell
nicht einmal an, um zu hören, wie es gelaufen war. Das
Werk war jedenfalls ein großer Erfolg.

Als Lillian avancierte, konnte Dashiell nicht mehr
mit ihr schlafen. Zur damaligen Zeit stand er bereits ohne Geld da: Er konnte keinen Text beenden, und die
Studios hatten ihn entlassen. Nun war es Lillian, die
sich darum kümmerte, seine enormen Ausgaben zu be-

gleichen; einmal gab sie ihm 5000 Dollar, und er schenkte sie in derselben Nacht einer Prostituierten. Die Beziehung war schrecklich. An einem Nachmittag im Jahre 1934, an dem beide zuviel getrunken hatten, fühlte sich Lillian besonders »von seinen Trinkgewohnheiten, seinen Frauen und meinem Leben mit ihm« angewidert, und sie fing an, ihm sein Verhalten vorzuwerfen. Plötzlich sah sie voller Entsetzen, daß Dashiell sich eine brennende Zigarette an die Wange drückte. »Was machst du da?!« rief sie erschrocken. »Mich beherrschen, damit ich es nicht dir antue.«

Dies wurde von da an die Devise ihres gemeinsamen Lebens. Während Lillian Schritt für Schritt ihre Karriere aufbaute wie ein Vogel Halm für Halm sein Nest, zerstörte er alles. 1935 traten beide der Kommunistischen Partei bei; dies war für Dashiell (sie folgte ihm einfach) wahrscheinlich eine sublimierte Form der Selbstzerstörung, als Individuum in einem Ganzen zu verschwinden. Er verzichtete von da an auf seinen eigenen Standpunkt und unterschrieb zusammen mit Lillian folgenschwere Erklärungen, mit denen er zum Beispiel Stalins »Säuberungen« unterstützte.

Inzwischen schrieb Lillian ihr zweites Werk; bei dieser Gelegenheit konnte sie nicht auf Dashiells Hilfe zählen, und das Stück war ein völliger Mißerfolg. Nachdem Lillian gescheitert war, konnte Dashiell wieder mit ihr schlafen. Tatsächlich besserten sich die Dinge zwischen den beiden beträchtlich. Sie besserten sich so sehr, daß sie 1937, als Lillian erneut schwanger wurde, beschlossen, das Kind zu bekommen. Sie strahlte im Glück, doch als sie eines Tages in das Haus zurückkam, das sie damals miteinander bewohnten, fand sie Dashiell mit einer Prostituierten im Bett: Wahrscheinlich konnte er soviel Glück nicht ertragen und mußte es torpedieren. Für Lillian bedeutete dies einen Wendepunkt. Sie trieb ab und ging auf Europareise. Inzwischen hörte der beschämte Dashiell zu trinken auf und schickte ihr liebevolle Briefe. Alles umsonst: Lillian weigerte sich, ihn zu sehen. Dashiell war bereits vierzehn Monate trocken, als er plötzlich einen Panikanfall bekam und so viel Alkohol auf einmal schluckte, wie er konnte. Seine Freunde lasen ihn halbtot auf und schickten ihn in einem Flugzeug zu Lillian nach New York. Und trotz allem, was geschehen war, nahm sie ihn wieder auf und brachte ihn in ein Krankenhaus. »Er hat panische Angst vor dem Wahnsinn«, befanden die Ärzte.

Sie kamen wieder zusammen, und Dash half Lily bei ihrem dritten Werk, *Die kleinen Füchse*. Die Aufführung war ein Erfolg, und mit dem Erfolg tauchten wieder die sexuellen Probleme auf. Eines Abends fuhren sie mit dem Auto zu einer Party, und Dashiell schlug vor, die Pläne zu ändern und miteinander zu schlafen. Doch Lillian weigerte sich: Es war das erste Mal, daß sie Nein zu ihm sagte. Von da an rührte Dashiell sie nie wieder an. Er wäre allerdings auch nicht mehr dazu in der Lage gewesen, mit ihr zu schlafen, denn er wurde endgültig impotent.

1942 zahlte Dashiell den Vorschuß zurück, den er für sein nächstes Buch bekommen hatte, das nie zustande kam: Dies war die bittere Einsicht in die andere Unfähigkeit, die kreative. Sofort meldete er sich als Freiwilliger für den Krieg. Er war neunundvierzig Jahre alt, krank, abgemagert, alkoholsüchtig, und man hatte ihm alle Zähne gezogen. Ein menschliches Wrack. Doch selbst in diesem Zustand wurde er als Soldat aufgenommen und in die Nachhut, auf eine Inselgruppe von

Alaska, geschickt. Von dort bekam Lillian die freund-
lichsten und reizendsten Briefe ihres Lebens. Er bat sie
um einen Ring mit einer Inschrift, als wäre er ein Fräulein, das auf seinen Bräutigam wartet; und er sprach
davon, für immer mit ihr zusammenleben zu wollen.

Doch nun war Lillian bereits zu sehr erschöpft und
zu sehr verletzt. Sie war noch keine vierzig Jahre alt; sie
wollte einen normalen Mann und wollte Kinder haben.
Sie verliebte sich in Melby, einen Diplomaten; und als
Dashiell 1945 aus der Armee ausschied und in Lillians
Haus kam, entdeckte er, daß sein Platz von einem anderen eingenommen war. Dashiell zog in ein Hotel und
versuchte, sich in den folgenden drei Jahren zu Tode zu
trinken. Diese selbstmörderischen Exzesse endeten 1948
mit einem Delirium tremens. Wieder war es Lillian, die
zu Hilfe kam und die Krankenhausrechnung übernahm:
Zu dieser Zeit hatte sie bereits mit Melby gebrochen.

Es folgten, welche Überraschung des Lebens, die besten Jahre ihrer Beziehung, oder jedenfalls wurden sie
von ihr in *Eine unfertige Frau* so bezeichnet: »Wir durch-
lebten eine leidenschaftliche Zuneigung.« Dashiell gab
für immer das Trinken auf und lebte mit Lillian zeitwei-
se in einer keuschen Beziehung voll tiefer Zuneigung,
wie Vater und Tochter, während sie sich weiter in andere
verliebte. Lillian versuchte für Dashiell Arbeit zu finden
und redigierte diskret seine nur noch mittelmäßigen
Drehbücher, die er ihr zu lesen gab. Damals konnte Dashiell nämlich, trotz des ganzen Lobs, das sie ihm spen-
dete, nicht mehr gut schreiben. Wahrscheinlich hatte
der Alkohol für immer sein Gehirn ertränkt.

Diese zweisame Gemütlichkeit wurde von Senator
McCarthy und seiner Hexenjagd durchbrochen. Dashiell weigerte sich, die Namen der Mitglieder einer

kommunistischen Organisation zu nennen, und wurde zu sechs Monaten Gefängnis verurteilt. Lillian wurde von Panik ergriffen: Auch sie stand unter Verdacht. Auf schändliche Weise überließ sie Dashiell seinem Schicksal und traute sich nicht einmal, seine Kaution zu bezahlen. Wie Joan Mellen in ihrer großartigen Biografie des Paares erzählt, war dies ein unverzeihlicher Verrat.

Als Dashiell aus dem Gefängnis kam, waren seine Lungen zerstört, und er war arm wie eine Kirchenmaus. Er zog sich auf eine kleine Farm zurück, deren Miete Lillian bezahlte. Sie sahen sich regelmäßig, doch die Dinge waren nicht mehr so wie vorher: Der ruinierte, kranke und einsame Dash brauchte Lily, und dieses Bedürfnis war für ihn so unerträglich, daß er aus Rache widerwärtig zu ihr war. So vergingen sechs Jahre, bis klar war, daß Dashiell nicht mehr alleine wohnen konnte. Lillian wollte ihn nicht zu sich nach Hause holen: Sie fragte bei Dashiells Töchtern nach, die sich jedoch weigerten, sich um ihn zu kümmern. So fügte sich Lillian und nahm ein weiteres Mal, ein letztes Mal, diesen gebrochenen Menschen bei sich auf, für den sie schon so oft gesorgt hatte. 1958 brachte sie ihn in ihrer New Yorker Wohnung unter, und dort vegetierte Dashiell dahin, bis er im Januar 1961 an Lungenkrebs starb. Nie zuvor hatten sie so lange Zeit zusammengelebt.

Diese letzte Phase war sehr schwierig. Im Februar 1960 riß sich Dashiell alle Schläuche heraus und stand von seinem Bett auf, um an der Uraufführung von *Toys in the attic*, dem neuen Theaterstück von Lillian, teilzunehmen. Nach vielen Jahren der Niederlagen erwies sich das Stück als voller Erfolg. Sie feierten ihn gerade mit einer großen Party, als der totenbleiche Dashiell anfing, Lillian heftig anzugreifen: »Nach allen Bemühungen, die ich mit dir unternommen habe, nach all dem, was ich dir in so vielen Jahren beigebracht habe, schreibst du nun einen solchen Mist!« Es herrschte eisiges Schweigen ringsum, während Dashiell weiter Bosheiten verbreitete. Lillian hörte ihm ruhig zu und nahm schließlich ihr Gespräch mit einem Nachbarn wieder auf, als ob Dashiell kein einziges Wort gesagt hätte.

Sie pflegte ihn bis zu seinem Ende. Auf der Schwelle zum Tod versuchte Lillian zu erreichen, daß er ihr sagte, daß er sie liebe. Sie schaffte es nicht. »Wir haben es gut gemacht, findest du nicht?« wagte sie ihn eines Abends zu fragen. »Gut ist für mich ein zu großes Wort. Warum sagen wir nicht einfach, wir haben es besser gemacht als die meisten?« Im letzten Augenblick war nichts, weder ein Kuß noch ein geflüsterter Name noch ein Abschiedswort: nur ein erschrockener und erstaunter Blick. Doch danach, in den fünfzehn Jahren, die Lillian noch lebte, rundete sie die Geschichte ab und erfand für sich eine Vergangenheit voll zärtlicher Liebe.

Hernán Cortez &
Doña Marina

Dies ist die Schilderung eines doppelten Verrats: Doña Marina verriet aus Liebe zu Hernán Cortez ihr Volk, ihren Stamm, ihre Sitten; und Hernán Cortez verriet am Ende die absolute Liebe Doña Marinas. Er war ein Schurke, der es verstand, sich an die Spitze einer heroischen Zeit zu stellen. Sie war Indianerin und besser bekannt unter dem Namen La Malinche; sie ist unsere Pocahontas, oder besser gesagt, Pocahontas ist ein schwacher Abglanz der Malinche, denn die Geschichte von Doña Marina und Hernán Cortez spielt sich in einem unermeßlich größeren Rahmen ab, im Getöse aufeinanderprallender Welten und untergehender Imperien.

Als sie sich 1519 kennenlernten, war Marina fünfzehn Jahre alt und Hernán vierunddreißig. Hernán Cortez war 1485 als Sohn verarmter Adliger in Extremadura geboren worden. Er ging kurze Zeit in Salamanca zur Schule, wo er Latein und Grammatik lernte: Allerdings war er ein viel zu unruhiger junger Mann, um bis zum Abitur die Schulbank zu drücken. Mit sechzehn Jahren verließ er die Schule und schlug die Zeit tot. Er

Doña Marina & Hernán Cortez

war ein Lebemann, ein Leichtfuß und ein Frauenheld; aber er war nicht nur kühn, er war auch kreativ und ehrgeizig. Eine solche Persönlichkeit mußte geradezu zwangsläufig von dieser grandiosen und verheißungsvollen Neuen Welt angezogen sein, die Kolumbus gerade entdeckt hatte. 1502 meldete er sich zu einer Expedition nach Westindien, doch diese erste Reise wurde durch ein Liebesabenteuer verhindert: Er wurde von einem betrogenen Ehemann verfolgt, fiel von einem Dach und brach sich ein Bein, wodurch er die Abfahrt des Schiffs verpaßte. Schließlich schaffte er es, den Ozean zu überqueren und 1504 nach Hispaniola (Santo Domingo) zu gelangen. Zu diesem Zeitpunkt war er neunzehn Jahre alt.

Er hatte Glück: Gerade angekommen, ließ er sich anwerben, um gegen die vom weiblichen Häuptling Anacaona angeführten rebellischen Eingeborenen (was damals ein Euphemismus war) zu kämpfen, was ihm eine Beute an Land und Sklaven einbrachte. So wurde er zum Grundbesitzer, lebte fünf oder sechs Jahre ein tolles und üppiges Leben, wurde durch die Arbeit versklavter Indianer ausgehalten, trieb es mit den eingeborenen Frauen (eine von ihnen »schenkte« ihm eine Tochter) und lieferte sich ab und an Messerstechereien mit anderen streitsüchtigen Spaniern, wovon ihm auf ewig eine Schnittwunde am Mund zurückblieb.

Die Indianer und die Ländereien auf Hispaniola waren bereits alle verteilt, so daß er sich ein weiteres Mal zur »Eroberung« aufmachte, um seine Erträge zu erhöhen. So beteiligte sich Hernán als Sekretär und Schatzmeister von Diego Velázquez, der später zum Gouverneur der Insel ernannt werden sollte, an der Landnahme von Kuba.

Zu diesem Velázquez hatte Hernán ein seltsames Verhältnis; dem Anschein nach unterschlug der Gouverneur ein Fünftel der Erträge, die der spanischen Krone zustanden, und Hernán schloß sich den Unzufriedenen an, die entschlossen waren, ihn beim König zu denunzieren. Dann kam noch eine Frau dazu, Catalina Juárez, eine Spanierin, die die Schwester von Velázquez' Geliebter war und die Liebhaberin von Hernán wurde. Infolge dieser Verwicklungen wurde Hernán zweimal vom Gouverneur inhaftiert und in Fußeisen gelegt, und beide Male befreite er sich wundersamerweise von den Ketten und schaffte es zu fliehen. Zu guter Letzt traf er mit Velázquez ein Abkommen: Es wurde nicht mehr davon gesprochen, ihn beim König zu denunzieren (für welche Gegenleistung?), und Hernán gab nach und heiratete Catalina, wozu er vorher keinesfalls bereit gewesen war. Die Geschichte scheint undurchsichtig zu sein, doch sie vermittelt einen Eindruck von den korrupten Machenschaften, die seinerseits wohl gang und gäbe gewesen sein mußten.

Die Eroberung Kubas brachte Hernán ergiebige Pfründe an Land und Sklaven ein. Doch er wollte mehr: noch mehr Reichtum und vor allem mehr Macht und mehr Ruhm. Als Fuchs und Gauner war der gerissene Hernán stets ein Meister der Lüge, der Verführung und des Betrugs. Nun bestach er zwei Berater von Velázquez und versprach, sich mit ihnen die Güter aufzuteilen, die »er erlangte und stahl« (wie Pater De Las Casas sagte), wenn sie dem Gouverneur empfiehlen, ihn zum Hauptmann der Expedition zur Eroberung Mexikos zu machen. Velázquez ernannte ihn, doch da er zu Recht fürchtete, Hernán würde ihn verraten und danach streben, das neue Land für sich zu behalten, widerrief er später die Ernennung und versuchte Hernán gefangenzunehmen. Doch Hernán kam ihm zuvor und brach im Februar 1519 mit fünfzehn Schiffen, fünfhundert Soldaten und sechzehn Reitern nach Mexiko auf, nicht ohne zuvor für die Verpflegung ein paar Handelsschiffe zu überfallen und zu kapern. Er war gnadenlos.

Kaum landete er auf der Halbinsel Yucatán, zog er gegen den Mayahäuptling von Tabasco zu Felde. Es war ein leichter Kampf für ihn: Die Indianer waren über die Pferde erschreckt, Kreaturen, die ihnen bis dahin unbekannt waren, die mit Schellen behängt waren und einen unbeschreiblichen Lärm veranstalteten. Laut der großartigen *Geschichte der Eroberung Mexikos* von Bernal Díaz del Castillo, der Soldat bei Hernán war, starben zwei Spanier und achthundert Indianer. Schließlich unterzeichnete der Häuptling den Friedensvertrag und übergab ihm, neben anderen Geschenken, zwanzig Indianerinnen, die Hernán sogleich taufen ließ und, entsprechend christianisiert, unter der Truppe verteilte. Hernán war ein fanatischer Katholik, der hartnäckig darauf bestand, bei der ersten Gelegenheit die Indianer die Gottesfurcht zu lehren. Oft mußten die Priester, die ihn begleiteten (wie Aguilar, der Übersetzer), ihn überreden, irgendeinem Häuptling nicht als erstes das Dogma der Jungfräulichkeit Marias zu predigen.

Unter diesen zwanzig Indianerinnen, die der Häuptling von Tabasco ihm schenkte, war auch eine besonders schöne, intelligente und arrogante, die sie Marina tauften. Die Eingeborenen nannten sie Malinali oder auch Malintzin (oder in seiner spanischen Angleichung Malinche), wobei *tzin* eine Endung war, die Rang und

Hochachtung angab, da sie die Tochter eines fernen Häuptlings war. Allein, ihr Vater war früh gestorben, und ihre Mutter hatte einen anderen Mann geheiratet, der, um sicherzustellen, daß die Nachfolge der Macht auf seinen Sohn fiel (in der Neuen Welt konnten auch die Frauen Häuptling werden), das Mädchen einem Händler überließ, der sie seinerseits an das Volk von Tabasco verkaufte, wo sie als Sklavin aufgewachsen war. Dennoch hatte sie ihre vornehme Würde bewahrt; daher nannten die Eingeborenen sie tzin und die Spanier Doña.

Für die Spanier war sie immer Doña Marina. Salvador de Madariaga behauptet, daß sich in diesem respektvollen und elitären »Doña«, mit der verdienstvolle Indianerinnen angesprochen wurden, das Fehlen von Rassismus auf seiten der Spanier äußerte. Mag sein, daß vielleicht der Klassenunterschied damals ein größeres Vorurteil darstellte als das der Rasse, das heißt, daß die Herrscher überall als Herrscher respektiert wurden. Tatsache ist, daß die aristokratischen Indianerinnen den Hauptmännern zufielen, und die Kinder, die diese mit ihnen hatten, wurden rechtlich anerkannt und als Mitglieder der guten spanischen Gesellschaft betrachtet. Martín, der Sohn von Marina und Hernán, wurde Komtur des Ordens von Santiago, ein sehr hohes Privileg.

Doch zurück: Als Hernán damals Marina geschenkt bekam, gab er sie an einen Adligen namens Puertocarrero weiter, den er besonders schätzte. Doch vier Monate später kehrte dieser Mann nach Spanien zurück, und daraufhin behielt Hernán das Mädchen bei sich. Sie war von 1519 bis 1524 seine Lebensgefährtin und zweifellos die wichtigste Frau in seinem Leben.

Als Puertocarrero wegging, hatten die Spanier bereits bemerkt, daß Marina eine einmalige Gabe besaß: Sie sprach nicht nur Maya wie die Eingeborenen von Tabasco, sondern auch Nahuatl, die Sprache der Azteken. Sie wurde sofort zur »Zunge« bzw. Dolmetscherin von Hernán und übersetzte zunächst ins Maya, die Sprache, die seinerseits Priester Aguilar übersetzte, und später direkt ins Spanische, das sie sehr bald beherrschte. Doña Marina spielte eine entscheidende Rolle bei der Eroberung Mexikos. Sie war intelligent und redegewandt und kannte die Gewohnheiten und das Land. Zudem war sie eine geachtete Person: »Doña Marina stellte viel dar und herrschte unumschränkt über die Indianer in ganz Neuspanien«, ist bei Bernal über sie zu lesen. Sie war eine so wichtige Persönlichkeit, daß die Eingeborenen anfingen, auch Hernán Malinche zu nennen, als ob er ein Anhängsel von ihr wäre, und nicht umgekehrt. Nun gut, Marina stellte dieses ganze Prestige, diese ganze Weisheit und diese ganze Erfahrung in den Dienst von Hernán, wodurch sie ihre eigenen Leute verriet.

Wie konnte so etwas geschehen? Man weiß es letztlich nicht; wir haben kein direktes Zeugnis ihrer Gefühle oder ihrer Gedanken. In den Chroniken wird kaum von ihr gesprochen: Sie ist von diesem dichten historischen Schweigen begraben, das oft die Frauen (und die Verlierer) umgibt. Was sie getan hat, mußte aus Liebe geschehen sein. Infolge einer verhängnisvollen Leidenschaft, die Hernán aus Eigeninteresse zu erhalten suchte. Madariaga behauptet – und das klingt vernünftig –, daß Hernán Marina (und auch andere Frauen) nicht wirklich liebte, sondern ihr den Hof machte, um sich ihrer Treue zu versichern, was bei einer Dolmetscherin, von der das Leben aller abhing, existenzielle Bedeutung hatte.

Hernán war nicht hübsch. Er war gerade mal einen Meter sechzig groß, wenn er auch dem Anschein nach gut proportioniert, schlank und muskulös war. Er war mittelblond und trug einen spärlichen Bart, hatte feine Gesichtszüge und eine aschgraue Hautfarbe. Das Beste müssen seine Augen gewesen sein (»mild« nennt sie Bernal), und seine männliche, vitale und, wenn er wollte, verführerische Persönlichkeit. Er war ein durchtriebener Kerl, ein Lügner und ein Dieb, der schreckliche Greueltaten gegen die Indianer beging. Sánchez-Barba behauptet, er sei ein Humanist gewesen und habe die Neue Welt mit der Gründung von Krankenhäusern beschenkt; doch das Buch von Sánchez-Barba ist eine derartige Heiligenlegende, daß es nicht glaubwürdig erscheint. Was vielmehr stimmt, ist, daß Hernán, als der König von Spanien ihm befahl, die Indianer nicht zu verteilen und sie als freie Menschen zu respektieren, sich weigerte. Man könnte sagen, er war ein Schelm, nicht ohne Mitleid für den Nächsten, aber stets bereit, schnell seine Skrupel zu vergessen, wenn es ihm nützlich war.

Mit Marina an seiner Seite stürzte sich Hernán in die Eroberung von Moctezumas Mexiko. Mit ungeheurer Gewandtheit vermochte er alle Nachbarstämme, die unter der Herrschaft der Azteken standen, zum Aufstand zu bewegen, während er so tat, als verhandelte er mit Moctezuma. In der heiligen Stadt Cholula wurde Marina von einer Alten aus dem Ort gewarnt, sie solle die Spanier verlassen, wenn sie nicht sterben wolle, denn die Azteken würden ihnen am nächsten Tag auflauern. Marina tat so, als würde sie ihre Sachen packen, und warnte Hernán vor der Falle. Daraufhin bat der Spanier die Azteken um zweitausend Krieger, die er als Träger bräuchte, und versammelte sie in einem Hof. Nachdem er ihnen durch Marinas Zunge erklärt hatte, daß er über ihren Hinterhalt Bescheid wußte, gab er den Befehl, sie zu töten.

Marina sprach sich gegen dieses Massaker und gegen die Demütigungen aus, die Moctezuma zugefügt wurden, der in seinem Palast als Gefangener gehalten und schließlich wegen seiner Feigheit gegenüber den Spaniern von seinem eigenen Volk ermordet wurde. Hier ist kein Raum für die ganze Epik, das Gemetzel, das Geschrei und das Blut, das bei der Eroberung der Stadt Mexiko floß. Es genügt zu sagen, daß Hernán nach vielfältigen Verlusten die Stadt belagerte und den Feind durch Hunger besiegte. Der Krieg hatte schreckliche Dimensionen angenommen: Die gefangenen Azteken wurden mit glühenden Eisen gebrandmarkt und als Sklaven verschachert, und die Tlaxcalteken, die Verbündeten von Hernán, begingen an den Besiegten derartige Grausamkeiten, daß alle Spanier einschließlich Hernán sich in den Chroniken über die Verbrechen an Frauen und Kindern beklagten (wenn auch angezweifelt werden darf, daß sie dies zu verhindern suchten). Bei der Eroberung Mexikos starben ungefähr 100 000 Azteken auf der einen Seite, auf der anderen 100 000 verbündete Indianer und 100 Spanier. Das heißt, im Grunde war es ein Krieg von Indianern gegen Indianer unter der perfiden Führung von Hernán. Tatsächlich bestand das Heer des Eroberers aus 900 Spaniern und 150 000 Eingeborenen.

Nachdem er Mexiko erobert hatte, ließ Hernán Cuauhtémoc foltern, den neunzehnjährigen Prinzen, der Moctezumas Platz einnahm, damit er verriet, wo das

Gold der Azteken versteckt war. Es wird erzählt, daß Hernán ihn nicht foltern wollte, er sich jedoch durch den Druck einiger Spanier dazu gezwungen sah: Wie dem auch sei, tatsächlich wurden die Hände und Füße des jungen Mannes mehrfach in kochendes Öl getaucht. Er sprach nicht, doch Marina soll dabeigewesen sein, schaute zu und schwieg.

1522 tauchte plötzlich Catalina Juárez, Hernáns Ehefrau, aus Kuba kommend unvermutet in Mexiko auf. Genau zu dieser Zeit brachte Marina Martín, Hernáns ersten Sohn, zur Welt, was Catalina wütend machte, da sie keine Nachkommen hatte. Sie und ihr Ehemann hatten häufigen und öffentlichen Streit, den letzten drei Monate nach Ankunft der Frau bei einem Abendessen in größerem Rahmen. In derselben Nacht lag Catalina auf einmal tot in Hernáns Armen. Beim Prozeß, der Jahre später dem Eroberer gemacht wurde, sagten mehrere Zeugen aus, daß der Hals der Frau Anzeichen einer Erdrosselung aufgewiesen hatte. Sie hatte Asthma und eine labile Gesundheit, so daß sie vielleicht eines natürlichen Todes gestorben war; wahrscheinlicher ist jedoch, daß Hernán sie ermordet hatte.

Ebenfalls im Jahre 1522 gewährte Kaiser Karl V., kurz nachdem er Witwer geworden war, Hernán Cortez den Titel des Gouverneurs von Neuspanien und legalisierte so seine Stellung: Bis dahin war er bloß ein Rebell gegen den Gouverneur Velázquez gewesen. Dies war der Höhepunkt seines Lebens: Er hatte alles erlangt, Reichtum, Macht und Ruhm. Ein paar Jahre später erhob sich Hauptmann Olid, den er mit einer Expedition nach Honduras geschickt hatte, gegen ihn, so wie er sich gegen Velázquez erhoben hatte. Hernán konnte nicht untätig bleiben und beging den doppelten Fehler, die

Strafexpedition selbst anzuführen und auf dem Land-
weg nach Honduras zu gehen. Mit ihm ging natürlich
Marina.

Im Herbst 1524 begannen sie die Reise, und anfangs
lief alles gut. Bis Hernán eines Tages »in betrunke-
nem Zustand«, wie ein Chronist sagt, Doña Marina mit
Juan Jaramillo, einem seiner Hauptmänner, verheiratete.
Das war brutal: Nachdem Hernán Mexiko erobert hatte,
brauchte er Marina nicht mehr. Sie akzeptierte ihr
Schicksal mit derselben, von Bernal so bewunderten,
schweigsamen Würde und demselben Mut, mit dem sie
den Rest ihres Lebens verbracht hat.

Doch von da an schien für Hernán alles schiefzu-
gehen, als ob Marina der Talisman seines Glücks gewesen wäre. Die Reise wurde nun zum Alptraum: Sie
verirrten sich ein Jahr lang im Dschungel, hungrig und
krank, und in der Zwischenzeit glaubten die Funk-
tionäre, die Hernán in Mexiko zurückgelassen hatte,
ihn tot und nahmen seine Hacienda in Besitz. Hernán
erholte sich von dieser Odyssee und reiste sogar ein
paarmal nach Spanien, heiratete ein zweites Mal und
bekam weitere Kinder, doch sein Stern glänzte nie mehr
wie zuvor. 1547, mit zweiundsechzig Jahren, ereilte ihn
der Tod.

Was Marina betrifft, so starb sie sehr bald, im Jahre
1527, vielleicht an Pocken oder an Melancholie, nachdem sie Juan Jaramillo eine treue Ehefrau gewesen war
und eine Tochter von ihm geboren hatte. Dieser Jaramillo war ein guter Mann: Im Jahre 1530, als er Bürger-
meister von Mexiko und bereits Witwer von Marina gewesen war, wurde ihm die höchste Ehre zuteil, beim
Fest von San Hipólito die Fahne zu tragen, um den Sieg
der Spanier über die Indianer zu feiern. Er aber verließ

die Stadt, um an der Zeremonie nicht teilnehmen zu müssen (vielleicht aus Respekt vor der Herkunft seiner Frau), was einen großen Skandal und Empörung in den maßgeblichen Kreisen hervorrief. Obwohl sie mit dreiundzwanzig Jahren gestorben war, hat sich Doña Marina, diese Indianerprinzessin, durch das fesselnde Rätsel ihres Lebens einen Platz in der Geschichte gesichert.

Königin Viktoria
& Prinz Albert

Die erste große Überraschung: Königin Viktoria war gar nicht viktorianisch, wenn wir darunter jene strenge Persönlichkeit bar jeder Emotionalität verstehen, diese repressive und puritanische Aufspaltung, die Robert Louis Stevenson in seinem Roman *Der seltsame Fall des Dr. Jekyll und Mr. Hyde* beschrieb. Ganz im Gegenteil, Königin Viktoria war eine außergewöhnlich offenherzige und spontane Frau; zwar arrogant und herrschsüchtig, aber voller Leben und Leidenschaft. Im guten wie im schlechten war sie aus einem einzigen Stück geschnitzt: ein kleiner Tropfen Öl und das Feuer zugleich.

Zweitens: Königin Viktoria war einmal jung. Wir sind daran gewöhnt, uns an sie auf dem Gipfel ihrer Macht zu erinnern, das heißt, an eine reife Frau, dick und unförmig wie eine Kröte, mit hervorspringenden Augen und einem Mund wie eine Bulldogge, doch Viktoria wurde bereits mit achtzehn Jahren gekrönt. Damals war sie klein und etwas korpulent, mit mittelblonden Haaren, blauen und unschuldigen Augen, die noch nicht so aus den Augenhöhlen hervorsprangen, etwas pausbäckig, aber ganz passabel – eine Mäd-

Prinz Albert & Königin Viktoria

chenkönigin voller Enthusiasmus: »Sie lacht aus vollem Herzen und macht dabei den Mund auf, so weit sie nur kann, und zeigt ihr nicht gerade übermäßig hübsches Zahnfleisch ... Sie ißt nicht minder herzhaft als sie lacht, ich darf wohl sagen, sie stopft«, notiert ein Höfling, »sie wird alle Augenblicke rot und lacht so natürlich, daß man völlig entwaffnet ist.«

Vom ersten Moment an nahm sie alle Welt für sich ein. Es war insofern kein Kunststück, als sie nach einer langen Reihe von dummen und degenerierten Herrschern auf den Thron folgte. Der Familienwahnsinn der Hannoveraner lastete auf ihr; und tatsächlich stand die Königin nahe am Abgrund. Viktorias Vater war Herzog von Kent und seinerseits Sohn des geisteskranken Königs Georg III., und ihre Mutter war Prinzessin des deutschen Herzogtums Sachsen-Coburg, dessen dynastische Linie ebenfalls einige debile Personen aufwies. Diese Prinzessin und ihr Bruder, König Leopold von Belgien, beschlossen, Viktoria mit großer Strenge und in striktester Moral zu erziehen, damit sie nicht auch der Degeneration der beiden Höfe, des englischen und des sächsischen, verfiel.

Die Welt nahm eine schwindelerregende Entwicklung, und es entstand eine solide Macht des industriellen Bürgertums und der Mittelschicht. Die Monarchie, das wußte König Leopold sehr wohl, mußte sich in etwas anderes verwandeln, wenn sie den wachsenden revolutionären Druck überleben wollte. Damit alles beim alten bleiben konnte, mußte sich etwas ändern.

Viktoria, deren Vater starb, als sie sieben Monate alt war, wurde nach Leopolds Anweisungen erzogen. Ihr wurde nie erlaubt, alleine zu sein, sie spielte kaum mit gleichaltrigen Mädchen und schlief bis zum Alter von achtzehn Jahren im Gemach ihrer Mutter. Letzteres auch aus Sicherheitsgründen, denn im Palast gab es haarsträubende Intrigen, und Viktorias Mutter fürchtete, das Mädchen könnte von ihrem Onkel, dem Herzog von Cumberland, einem ultrakonservativen Ungeheuer, entführt oder gar ermordet werden. So wuchs Viktoria an einem Hof im Stile des 18. Jahrhunderts auf, mit all seinem Elend und seiner Finsternis; und unter ihrer Herrschaft trat die britische Monarchie ins moderne 19. Jahrhundert ein.

1837, als ihr mitgeteilt wurde, daß ihr Onkel, Wilhelm IV., gestorben und sie daher Königin sei, ließ Viktoria als erstes anordnen, daß ihr Bett aus dem Zimmer ihrer Mutter entfernt wurde; und als zweites gab sie kund, daß sie prächtige Tage verbrachte. Es begeisterte sie zu befehlen, die Herrscherin der obersten Weltmacht zu sein, Huldigungen zu empfangen und ihre Rolle mit Würde auszufüllen. Ich sagte bereits, daß alle entzückt waren, nach so vielen Jahren mit Grobianen eine so professionelle kleine Königin zu haben. »Ich habe wirklich ungeheuer viel zu tun, aber ich schwelge in dieser Arbeit«, schrieb Viktoria in ihr Tagebuch. Sie benutzte viele Unterstreichungen und Großbuchstaben, mit dem Ungestüm ihrer Jugend und der mittelmäßigen intellektuellen Bildung, die sie erhalten hatte. Sie war ziemlich unbedarft, besaß aber Disziplin und einen Sinn fürs Praktische und hatte die besten Absichten. Als sie mit elf Jahren erfuhr, daß sie einmal Königin sein würde, sagte sie in voller Überzeugung: »Ich will gut sein.«

Sie hatte vor allem eine sehr klare Vorstellung ihrer eigenen Majestät und eine genaue Auffassung ihres Ranges. Arrogant und bescheiden zugleich, kolossal und einfach, wie eine Königin aus dem Märchen. Sie be-

saß einen angeborenen Sinn für Autorität und war überzeugt, daß sie, weil sie die Königin von England war, befugt sei, allerlei Befehle zu erlassen. Dies sorgte für Probleme mit den Regierungen. In der Anfangszeit ihrer
Herrschaft war Viktoria eine leidenschaftliche Whig (die
Fortschrittlichen) und haßte die Tories (die Konserva-
tiven); dieser Haß ließ sie sogar gegen die Verfassung
verstoßen, und sie verhinderte, daß der Oppositions-
führer die Regierung bildete. Damals waren zwei Jahre
seit ihrer Inthronisierung vergangen, und die kleine Viktoria hatte bis dahin keinen so großartigen Eindruck gemacht: Sie war zu unüberlegt und zu impulsiv. Sie war
eine Königin, die regieren wollte, was zu einer großen
Gefahr werden konnte.

Der umtriebige König Leopold hatte Jahre zuvor beschlossen, daß Viktoria Albert von Sachsen-Coburg heiraten solle: So blieb alles in der Familie. Prinz Albert war
ein leiblicher Vetter Viktorias und drei Monate nach ihr
geboren. Sein Vater, der Herzog, war ein zügelloser Kerl,
ein Frauenheld; seine Mutter, der Mißhandlung leid,
war mit einem Offizier des Hofes nach Paris durchgebrannt, als Albert vier Jahre alt war, und starb kurz
darauf in dieser Stadt.

Albert war ein ängstliches, melancholisches, kränkli-
ches und feinsinniges Kind. Möglicherweise führten die
Skandale aus seiner Kindheit bei ihm zu einer Gegenre-
aktion, so daß sie in ihm einen furchtbar strengen, or-
dentlichen und puritanischen Charakter herausbildeten. Er liebte Musik, zu lesen und Studien zu betreiben,
sowie zur Jagd zu gehen und zu reiten. Doch er mochte
keine Frauen. »Der Prinz wird im ganzen stets bei Männern mehr Glück als bei Damen machen. Er ist bei diesen zu wenig empressirt, zu gleichgültig und zurück-

haltend«, schrieb Baron Stockmar, eine Art Vormund, den der allgegenwärtige Leopold seinem Neffen zur Seite stellte. Lytton Strachey deutet in seiner köstlichen Biografie über Viktoria an, daß der Prinz damals (mit neunzehn Jahren) eine intime Beziehung zu einem jungen englischen Offizier, dem Leutnant Francis Seymour, hatte.

Es ist schon gut möglich, daß Albert homosexuell war, aber ich glaube nicht, daß er seine Neigungen ausgelebt hatte: Dafür war er ein zu verklemmter Mensch. Aber vielleicht versteht man vor diesem Hintergrund die äußerst komplexe Persönlichkeit des Prinzen besser, der ein fortschrittlicher Mann und ein Reaktionär, ein Despot und ein scharfsinniger Intellektueller in einem war. Albert war allerdings der perfekte Viktorianer: Er war Dr. Jekyll und hielt den armen Mr. Hyde im engen Kerker seines Willens gefangen.

Viktoria und Albert waren sich zum erstenmal mit siebzehn Jahren begegnet, und wußten beide, daß die Familie sie verheiraten wollte. Sie waren ein paar Wochen zusammen, und die aufgeweckte und rundliche Viktoria verliebte sich in ihren Vetter. Albert war groß und auffallend schön, mit einem stolzen Körper und unfaßlich blauen Augen. Das Tagebuch der damaligen Prinzessin Viktoria war voller wild unterstrichener Anmerkungen über die Lippen, die Zähne, den Blick, die Anmut, die Intelligenz und den Zauber »meines liebsten geliebten Vetters Albert«. Er beschränkte sich hingegen darauf zu bemerken, daß Viktoria »sehr freundschaftlich war«. Als der Junge schließlich abreiste, war sie untröstlich: »Ich weinte bitterlich, sehr bitterlich.«

Sie sahen sich erst drei Jahre später wieder. Viktoria war seit zwei Jahren Königin von England und genoß ihre Unabhängigkeit und ihre Macht. Als der Vetter aus Sachsen-Coburg sein Kommen ankündigte, fühlte sie sich nicht allzu bereit, eine Verpflichtung einzugehen: »Ich möchte nicht eher als in drei oder vier Jahren heiraten.« Auch er war nicht sehr glücklich und verschob mehrmals die Reise. Doch der intrigante Leopold war entschlossen, sie zusammenzubringen; so kam Albert also am 10. Oktober 1839 an den englischen Hof. Es war ein Donnerstag. Montags darauf teilte Viktoria ihrem Premierminister mit, sie wolle Albert sofort heiraten; und am Dienstag erklärte sich die zitternde Königin ihrem Vetter: »Ich sagte ihm, daß es mich zu glücklich machen würde, wenn er dem zustimmen könnte, was ich wünschte (mich zu heiraten).« Wieder hatten sie Wunder bewirkt, diese Augen, diese blendend weißen Zähne, diese sinnlichen Lippen, diese so schmalen Hüften und diese so breiten Schultern, diese körperliche Gestalt des jungen Mannes, die Viktoria ein ums andere Mal in ihren Tagebüchern sehnsüchtig beschreibt.

Die Königin liebte den Prinzen wahnsinnig; und der Prinz liebte es seinerseits, geliebt zu werden, vor allem von der Königin von England, und um so mehr, als diese Königin eine Frau voller Lebenslust und mit so überschäumender Leidenschaft war: »Womit habe ich so viel Liebe, so viel Zuneigung verdient?« schreibt er ihr später: »In Körper und Seele stets Dein Sklave, Dein treuer Albert«. Er ist sprachlos, außer sich und gerührt angesichts des emotionalen Ausbruchs, den er (der immer so schüchtern und für sich allein war) anscheinend auslöste. Um den verwirrten Prinzen herum schwärmte die Königin Viktoria: »Oh! Zu fühlen, daß ich von einem Engel wie Albert geliebt werde, ist eine zu große Freude, um sie beschreiben zu können! Er ist die Vollkommenheit, die Vollkommenheit in jeder Hinsicht, in der Schönheit, in allem!«

Zwei Monate später waren sie Mann und Frau; doch der Anfang war nicht leicht. Zuerst, weil es niemandem gefiel, daß die Königin einen verarmten und ausländischen Prinzen heiratete: Man beleidigte sie und sprach von Mitgiftjagd … Außerdem waren die beiden erst zwanzig Jahre alt und in ihrem Charakter völlig verschieden. Sie liebte es, bis in die frühen Morgenstunden zu tanzen und danach die Sonne aufgehen zu sehen; er schlief um zehn Uhr abends ein. Sie war voller Energie, Freude und Unbesonnenheit; er war ein etwas kränklicher und melancholischer Intellektueller. Und doch schafften sie es, eine erstaunlich solide Beziehung aufzubauen.

Sechs Wochen nach der Hochzeit war Viktoria schwanger: »Dies war das EINZIGE, das mich erschreckte, als es geschah!« Die arme Königin war darüber verzweifelt, Kinder zu bekommen, dann aber bekam sie neun, eines nach dem anderen: Die meisten von ihnen wurden gerade mal elf Monate alt. 1857, nach dem neunten, verbot ihr der Arzt, weitere Kinder zu bekommen: »Heißt das, ich kann mich nicht weiter im Bett amüsieren?« fragte die aufmüpfige und äußerst unschuldige Königin. In den Jahren vor jener Geburt hatten Viktoria und Albert furchtbar oft miteinander gestritten, und ohne die Worte im Bett fehlte es ihnen womöglich an Schutz.

Es gab immer viel Streit: Sie hatte einen starken Charakter, verfolgte ihren Ehemann von Zimmer zu Zimmer und schimpfte mit ihm, während er trotzig schwieg. Doch Albert setzte am Ende zumeist seinen Willen durch, und er liebte sie weiterhin auf verzweifelte Weise;

und er, Wunder über Wunder, kokettierte nie mit einer anderen (oder einem anderen). Die Königin war seine Aufgabe, und der gab er sich hin; doch außerdem war Viktoria vielleicht das Lebendigste in Alberts Leben überhaupt. 1861, wenige Monate vor seinem Tod, schrieb der Prinz seinem Mentor Stockmar: »Morgen ist unser einundzwanzigster Hochzeitstag. Von wie vielen Stürmen wurde sie [die Liebe] gesäumt! Und dennoch geht sie jung und frisch weiter und schlägt kräftige Triebe«. Ja, sie verstanden sich. Sie gingen in den Wäldern von Balmoral spazieren, reisten inkognito durch Schottland … und vor allem bearbeiteten sie Tag für Tag und Seite an Seite die trockenen Staatsangelegenheiten.

Denn in dem Maße, wie die Zeit verging, wurde Alberts Rolle für die Königin immer größer. Mit seiner Intelligenz, seiner Bildung und seinem Fleiß hatte Albert es nicht nur geschafft, Viktorias politisches Vertrauen zu erobern, sondern auch zu ihrem Berater und ihrer wahren Stütze zu werden. Er war es, der ihr die Reden schrieb, der ihr sagte, was sie ihren Ministern antworten sollte. Und es war Albert, der allen Schwierigkeiten zum Trotz die berühmte Weltausstellung von 1851 ersann, organisierte und vorantrieb; eine Zelebration der Technik, des Friedens und der Zukunft, die sich als voller Erfolg erwies.

Doch gleichzeitig bewahrte Albert einen gefährlichen Trieb gegen die politische Macht. Die Entwicklung der neuen demokratischen Gesellschaft verlangte, daß die Monarchie nach und nach ihre Regierungsmacht verlor und zu einem bloßen Verfassungssymbol wurde. Doch Albert widersetzte sich dieser Tendenz mit all seinen Kräften. Er war ein autokratischer Prinz, der hartnäckig darauf bestand, zu herrschen, beteiligt zu sein, seine

Meinung zu äußern und zu organisieren. Er mischte sich in alles ein und machte die Minister wahnsinnig. Er stemmte sich dem Lauf der Zeit entgegen.

Von ihrem Temperament her war Viktoria sehr viel autoritärer und herrschsüchtiger; doch sie war äußerst pragmatisch und am Ende doch nachgiebig. Albert war hingegen ein Ideologe, ein Moralist, ein unflexibler Mensch. Diese Unerbittlichkeit wandte Albert auch auf seinen männlichen Nachwuchs an. Vor allem auf Bertie, den Ältesten, mit dem er geradezu despotisch und grausam umging: Er zwang ihn, unaufhörlich zu arbeiten, er erlaubte ihm nicht, mit anderen Kindern zu spielen … Als der Junge siebzehn Jahre alt wurde, schickt ihm sein Vater eine Nachricht, in der er ihm erklärte, daß er in die Welt der Erwachsenen einträte und daß »das Leben aus Pflichten besteht«. Als Bertie dies las, brach er in Tränen aus.

Doch Albert verlangte von seinen Söhnen nichts anderes als dieselbe Verstümmelung, die er sich selbst zugefügt hatte. Dieser sarkastische und gefühlskalte Mann, der unfähig war, seine Emotionen zu zeigen, war ein Gefangener von Pflicht und Anstand, koste es, was es wolle: In der Tat kostete es ihn zuerst sein Glück, und dann sein Leben.

Der Prinz wurde jeden Tag unglücklicher. Seine Schönheit (»ausländischer Art«, sagte Strachey, der Snob, verächtlich) verfiel recht schnell: Er wurde dicker, bekam ein Doppelkinn und wurde glatzköpfig (»er hatte jetzt etwas von einem Oberkellner an sich«, behauptet Strachey). Da blieben nur noch seine wunderbaren, tiefen und melancholischen Augen. Er wurde hypochondrisch und depressiv und hatte sich auf pathologische Weise, bis zur Besessenheit, bis zur Erschöpfung in die Arbeit gestürzt. Vollends ermattet war er im November 1861, und auch mutlos und sich selbst überdrüssig: »Ich bin sicher, wenn ich eine schwere Krankheit hätte, würde ich mich sofort ergeben, ich würde nicht um mein Leben kämpfen, ich habe keine Zähigkeit.« Bei einem offiziellen Besuch wurde er vom Regen durchnäßt und erkältete sich. Von Woche zu Woche ging es ihm schlechter, und schließlich stellte sich heraus, daß er Typhus hatte. Albert starb am 14. Dezember, ohne Aufsehen, ohne Krämpfe, ohne Wehr. Er war zweiundvierzig Jahre alt. Viktoria heulte wie ein verwundetes Tier: »Nun gibt es niemanden mehr, der mich Viktoria nennt!« Der Thron ist ein sehr einsamer Ort.

Daraufhin verfiel Viktoria dem Wahnsinn. Sie glaubte, sie würde sofort sterben, doch sie blieb noch weitere vierzig Jahre am Leben. Und während dieser ganzen Zeit trug sie Trauer. »Oh! Ich, die ich täglich darum gebetet habe, daß wir zusammen sterben dürfen und ich ihn nicht überleben muß! Die ich spürte, wenn diese gesegneten Arme mich in den heiligen Stunden der Nacht umfingen und festhielten, wenn die Welt nur aus uns zu bestehen schien, daß nichts uns trennen könnte«, schrieb Viktoria mit rührender Eloquenz zu Beginn ihrer unendlichen Trauer und erinnerte an dieses intime Universum bei Nacht.

Am Boden zerstört und halb verrückt ordnete die Königin an, ein Foto des Prinzen über das Kopfkissen zu stellen und ging mit Alberts Nachthemd im Arm schlafen. Außerdem mußten die Bediensteten jeden Tag saubere Wäsche für den Prinzen bereitlegen und das Wasser seines Handwaschbeckens wechseln (diesen Ritus behielt sie vier Jahrzehnte lang bei). Viktoria gab jede öffentliche Aktivität auf; sie weigerte sich sogar, an den

Ratssitzungen ihrer Minister teilzunehmen. Schließlich erreichte man durch viel Druck, daß die Königin sich in einen benachbarten Raum setzte und durch die offene Tür den Erklärungen zuhörte. Danach gab ein Mittelsmann ihre königlichen Kommentare an die Minister weiter. In den europäischen Regierungen begann das Gerücht zu zirkulieren, Königin Viktoria sei vollkommen geisteskrank geworden.

Vier Jahre lang hielt sie diese Haltung aufrecht, und danach nahm sie, angesichts des Umstands, daß sie – gegen alle Erwartungen – noch lebte, nach und nach ihre Verantwortlichkeiten wieder wahr. Ihre morbiden Todesriten gab sie jedoch nie auf, und 1865 holte sie John Brown nach London, einen rüden Schotten, der Alberts Valet gewesen war und von da an zum Privatdiener der Königin wurde: Er begleitete sie überallhin, schlief in einem Zimmer, das an ihres grenzte, und behandelte seine Herrin mit ungewöhnlicher Vertrautheit. Dieses Verhältnis, das zweifellos ein Liebesverhältnis war, dauerte neunzehn Jahre, bis zu Browns Tod im Jahre 1883 – wenn man auch nicht weiß, ob es ein sexuelles war (in Anbetracht von Viktorias Vitalität neige ich dazu, es anzunehmen).

Die Königin überlebte schließlich alle, einschließlich vier ihrer Kinder. Als sie 1901 mit achtzig Jahren starb, wurde sie zusammen mit ihrem geliebten Albert in einem Pantheon begraben. Sie starb ruhmvoll, als große Kaiserin von Indien und stolze Königin von England; in Wirklichkeit hatte die Monarchie während ihrer Herrschaft jegliche Exekutivmacht verloren; das Britische Empire ging zu Ende, und das überhaupt nicht viktorianische 20. Jahrhundert begann.

John Lennon &
Yoko Ono

John Lennon wollte »authentisch« sein. Das Streben nach Authentizität war einer der verbreitetsten Gemeinplätze zur Zeit der Gegenkultur und des Hippietums, Ende der sechziger und Anfang der siebziger Jahre. Die Kinder der wohlhabenden Gesellschaften fühlten sich, da sie von den dringendsten Problemen befreit waren, berufen darauf hinzuweisen, daß die postindustrielle Welt des Konsums die Menschen entfremdete. Sie wollten zu den Ursprüngen zurückkehren, das reale und gutherzige Individuum retten, das unter dem bürgerlichen Elend begraben war. *All you need is love*, verkündeten die Beatles, alles was du brauchst, ist Liebe, und diese Liebe wird uns ins Paradies zurückführen.

Johns Entfremdung von der Welt rührt von viel früher her, aus der tiefsten Tiefe seines Daseins: Er war ein sehr unglückliches Kind gewesen. 1940 geboren, verbrachte er die ersten Jahre mitten im Krieg; seine Eltern, waren, allen Anzeichen zufolge, recht verantwortungslos und trennten sich sehr bald. Als John fünf Jahre alt war, wollte sein Vater, der als Kellner auf einem Ozeandampfer arbeitete, das Kind mit sich nehmen; doch John

John Lennon & Yoko Ono

zog es vor, bei seiner Mutter zu bleiben. Er hörte erst sechzehn Jahre später wieder etwas von seinem Vater, der auftauchte, als John ein berühmter Beatle geworden war. Julia, die Mutter, überließ das Kind ihrer strengen Schwester Mimi und brannte mit einem anderen Mann durch, mit dem sie zwei Töchter hatte. Sie lebten fünf Kilometer von Mimi und John entfernt, und der Junge sah manchmal, wie seine Mutter mit blutigem Gesicht zu Besuch kam: Sie wurde von ihrem Partner geschlagen. Trotz allem vergötterte John seine Mutter, die bei einem Autounfall ums Leben kam, als er achtzehn Jahre alt war. »Mutter, du hattest mich / Doch ich hatte dich nie / Ich wollte dich / doch du wolltest mich nicht«, schrieb John Jahre später in seinem herzzerreißenden Song *Mother*.

All diese Erfahrungen machten ihn zu einem schwierigen Kind. Mit fünfeinhalb Jahren wurde er aus dem Kindergarten verwiesen, weil er ein kleines Mädchen terrorisiert hatte. John war streitsüchtig und gewalttätig. Er trug so viel Aggressivität und so viel Schmerz in sich, daß er mit zehn Jahren von sich selbst dachte, »entweder war ich ein Genie oder ich war verrückt«. Bereits in diesem frühen Alter tat er so seltsame Dinge, wie sich eine Stunde lang vor dem Spiegel zu betrachten, bis sich sein Gesicht »in unglaubliche Bilder« auflöste. Er war ein auf tragische Weise gespaltenes Kind und später ein Erwachsener mit mehreren Persönlichkeiten, die miteinander in Konflikt standen. In ihm steckten paranoide, egozentrische und größenwahnsinnige Tendenzen, vielleicht weil er immer nahe an der völligen Zerrüttung gewesen war. Das heißt, er mußte jeden Tag darum kämpfen, etwas zu sein, das John Lennon hieß, oder er ging das entsetzliche Risiko ein, ein Nichts zu sein. Für John war die Suche nach Authentizität, nach einem realen Lennon, der jenseits der Aufspaltung und des Schmerzes existierte, letztlich eine Frage von Leben oder Tod.

Doch das schwarze Loch vergrößerte sich nur mit der Zeit. Zuerst wurde er ein jugendlicher Rowdy, der die Schwachen malträtierte. Dann, mit siebzehn Jahren, tat er sich mit dem fünfzehnjährigen Paul McCartney und dem vierzehnjährigen George Harrison zusammen, und sie gründeten ihre erste Band. Kurze Zeit darauf war John bereits Alkoholiker. Er stopfte sich mit Amphetaminen voll und war den ganzen Tag betrunken. Er erlitt wilde Gewaltausbrüche, die alle fürchteten. Albert Goldman, der Autor einer monumentalen und polemischen Lennon-Biografie, sagt, daß John während seines Aufenthalts in Hamburg (er spielte mit Paul und George im Starclub nahe der Reeperbahn) mehrere Seeleute zusammengeschlagen und ausgeraubt hatte; und daß er einen von ihnen so schwerverletzt zurückließ, daß er immer Angst hatte, ihn getötet zu haben.

Ob diese grausige Geschichte nun wahr ist oder nicht, es stimmt jedenfalls, daß ihn die Gewalt sein Leben lang begleitete. Bei einem Fest brachte er fast einen Diskjockey um: John brach ihm die Nase, das Schlüsselbein und drei Rippen, bloß weil dieser ihn gefragt hatte, ob er eine Liebesbeziehung zu seinem Manager Brian Epstein habe. Frauen verprügelte er ebenfalls. Johns Gewalttätigkeit ließ nur in den beiden Jahren nach, in denen er LSD-abhängig war (zwischen 1966 und 1968 nahm er mehr als eintausend Trips), doch diese Ruhe, oder besser gesagt: diese Betäubung, war natürlich keine Lösung. Johns Leben war ein ständiger verzweifelter Kampf gegen seine eigene Gewalt, die ihn vor sich selbst erschauern ließ. 1974, während einiger Monate relativer

Ruhe und Nüchternheit, gestand John einem Journalisten: »Ich erinnere mich, daß ich in der Schule mit den Fäusten die Scheibe einer Telefonzelle eingeschlagen habe, es war eine Art selbstmörderische und selbstzerstörerische Seite an mir, die sich, glaube ich, in dem Maße wie ich älter werde, auflöst, denn es stimmt, daß ich mich nie wohl dabei gefühlt habe. Mir gefällt es nicht, wenn ich morgens aufwache und denke: Was ist passiert? Habe ich jemanden umgebracht?«

John lernte Yoko Ende 1966 kennen, als er in London eine Galerie besuchte, in der ihre Werke ausgestellt wurden. John war sechsundzwanzig Jahre alt, war auf dem Höhepunkt seiner Karriere angelangt, hatte seit drei Tagen nicht mehr geschlafen und war auf einem Trip. Yoko war dreiunddreißig, versuchte seit fünfzehn Jahren, als Künstlerin den Durchbruch zu erreichen, und hatte den Ruf, über Leichen zu gehen, wenn sie andere für ihre Ziele benutzte. Sicherlich begann sie vom ersten Tag an, John zu umwerben.

Yoko Ono muß wohl eines der schlechtesten Images auf der Welt haben. Die meisten Meinungen über sie sind dermaßen negativ, daß es schwerfällt, ihnen zu glauben. Sie galt als ehrgeizig – bis zum Wahnsinn ehrgeizig, als gefühllos, brutal und egozentrisch, als intrigant und skrupellos. »Sie ist ein unerträgliches, dummes Weib«, sagte Truman Capote über sie, »der unangenehmste Mensch der Welt.«

Yoko hielt sich für eine geniale Künstlerin und schrieb sich die Kreation des Flower Power, des Happenings und der Concept-art zu; ihrer Meinung nach waren der Rassismus und der Machismo schuld daran, daß sie nicht anerkannt wurde. Zu ihren Werken zählen kleine konzeptuelle Geniestreiche wie ein Bild mit einem Loch in der Mitte, durch das sie Hände schüttelte; Happenings, die zum Beispiel darin bestanden, daß die Zuschauer Stück für Stück ihre Kleidung zerschnitten; Filme wie *Hintern* (die Aufnahme von 365 menschlichen Hinterteilen) oder *Lächeln* (55 Minuten lang das Porträt von John Lennon, der lächelt und die Zunge herausstreckt) sowie Aufnahmen mit Blubbergeräuschen. Doch etwas kann an der Diskriminierung als Frau und als Asiatin dran sein, denn andere Künstler erreichten mit ähnlichen Aktionen Ruhm.

Yoko hatte ihre Ausbildung in den Vereinigten Staaten absolviert, gehörte aber der japanischen Aristokratie an. Ihr Großvater war Gründer der Bank von Tokio, ihr Vater stand an der Spitze der Bank von Japan. Da Yoko aus einer Kultur kam, in der Frauen keinerlei Chancen hatten, muß man ihr das Verdienst zugestehen, unerschrocken und rebellisch gewesen zu sein. Sie heiratete einen japanischen Avantgardekomponisten, trennte sich von ihm, wollte Selbstmord begehen, wurde in eine psychiatrische Klinik in Japan eingewiesen, heiratete Tony Cox, einen nordamerikanischen Abenteurer, und hatte mit ihm eine Tochter, Kyoko, der sie keinerlei Beachtung schenkte. So stand es um sie, als sie John kennenlernte, der wiederum mit Cynthia verheiratet war und einen Sohn, Julian, hatte, den er grob vernachlässigte. Yoko muß ähnlich gespalten gewesen sein wie John; nur war ihr Ungleichgewicht häßlicher und unsympathischer. Vielleicht drückte Aspinall, der Roadmanager der Beatles, das aus, was die meisten dachten, als er sie als »diese verrückte Japanerin« bezeichnete.

Vom ersten Moment an war ihre Beziehung vom Wahnsinn gekennzeichnet. Der sagenhafte Erfolg der Beatles hatte, wie vorhersehbar, Johns Ängste nur noch gesteigert (der Ruhm ist ein Spiel mit Zerrspiegeln), und die Drogen gaben ihm den Rest. Während Paul McCartney sich weiterentwickelte, neue Musikformen erprobte und die Beatles zum Avantgarderock führte, blockierte sich der geniale John, und seine Kräfte verließen ihn.

Dann, im Jahre 1968, tauchte der Maharishi Mahesh Yogi auf, ein indischer Guru, und die Beatles wurden im Nu zu seinen Jüngern und folgten ihm sogar zur Meditation nach Indien. Doch nach wenigen Monaten merkten sie, daß der Guru sie an der Nase herumführte: Er schlief mit seinen Anhängerinnen, er veruntreute ihr Geld ... In seiner Enttäuschung verpaßte sich John, der während des spirituellen Abenteuers clean geblieben war, nach seiner Rückkehr in London einen brutalen Cocktail: LSD, Alkohol, Amphetamine und Speedball (eine Mischung aus Kokain und Heroin). Ihm brannten alle Sicherungen durch: Er berief eine formelle Sitzung mit allen Beatles ein und gab bekannt, daß er entdeckt habe, er sei Jesus Christus, und daß Apple (ein von der Gruppe gegründetes Unternehmen) sofort eine Presseerklärung herausgeben müsse, um die Welt über diese spektakuläre Neuigkeit zu informieren. Die anderen Beatles stimmten zu (niemand wagte es, sich John in einem solchen Zustand zu widersetzen). Als die Sitzung beendet war, ging John nach Hause zurück. Cynthia war verreist, er fühlte sich alleine und rief Yoko an, mit der er seit einiger Zeit heimlich ins Bett ging. Yoko kam und verließ ihn nicht mehr. Als Cynthia zurückkehrte, mußte sie feststellen, daß ihre Wohnung nicht mehr ihre Wohnung war.

Die Geschichte von John und Yoko kann nicht verstanden werden, wenn man sie nicht innerhalb ihrer

Zeit betrachtet, in der sie lebten: in diesen stürmischen Jahren, in denen alles möglich schien. Realitäten und Gewohnheiten wurden von Grund auf in Frage gestellt, und Drogen sorgten für den nötigen Rausch. Alle waren high: Auf dem Fest, das Mick Jagger in einem Londoner Club zu seinem fünfundzwanzigsten Geburtstag gab, enthielten der Punsch Methedrin und die Kuchen, die von Kellnern auf silbernen Tabletts serviert wurden, Haschisch. Die Leute lebten an der Grenze, am Rande des Abgrunds, und suchten eine neue Wirklichkeit, die das Chaos ordnen konnte. Nach dem Maharishi versuchte es John mit Janov, einem exzentrischen Psychiater aus Los Angeles, der seine Patienten auf dem Boden herumkriechen und weinen, nach ihrer Mama schreien und am Daumen lutschen ließ. Später wandten Yoko und er sich einem Hypnotiseur zu, der behauptete, er habe Kontakt zu Außerirdischen; und zuletzt ließen sie sich auf den Okkultismus, auf Tarot, Magie und Hexerei ein.

Damit waren sie in den letzten fünf Jahren von Johns Leben vollauf beschäftigt, und Yoko zwang John zu absurden Reisen rund um die Welt, die ihnen positive Vibrationen verschaffen sollten.

Und dann gab es noch die pazifistische Bewegung gegen den Vietnamkrieg, die Bürgerrechtsbewegung der Schwarzen, den politischen Kampf der Gegenkultur für eine antikapitalistische Gesellschaft ohne Konsum und Profit. Heute kommen einem die damaligen Diskurse naiv vor, tatsächlich wurden unglaubliche Dinge erreicht: In Ann Arbour (USA) oder in Christiania (Dänemark) übernahmen die Hippies die lokale Verwaltung; es wurden Kooperativen, Krankenhäuser, Supermärkte und Boutiquen gegründet, wo nicht mit Geld bezahlt wurde, sondern jeder trug das bei, was er konnte, und nahm nur soviel, wie er brauchte. Eine kurze Zeit lang schienen Träume die Welt zu verändern.

John und Yoko beteiligten sich auf ihre Weise an diesem ganzen Fieber, an diesem Überschwang einer Generation. Zum Beispiel organisierten sie mehrere Happenings, die darin bestanden, daß sie eine ganze Woche im Bett verbrachten und dort die Journalisten empfingen, um mit ihnen über den Frieden zu sprechen. Freilich hatten John und Yoko über dieses Thema nichts besonders Intelligentes zu sagen. Zum Vietnamkrieg fiel John beispielsweise ein: »Es ist einfach ein Wahnsinn. Das darf nicht weitergehen. Es gibt keinen Grund dafür. Nur Wahnsinn.« Es war schon ein bißchen erschreckend, zu sehen, wie John zu einem dummen Einfaltspinsel wurde und gemeinsam mit Yoko Floskeln von Love and Peace wiederholte. Vielleicht raubte Yoko (der völlig das Gefühl für Humor fehlte) ihm den Verstand; oder der Alkohol und die anderen Drogen brannten ihm das Hirn aus.

Sowohl John als auch Yoko waren bereits heroinabhängig, als sie begannen zusammenzuleben. Bald griffen sie zu Methadon, um sich vom Junk zu entgiften, ohne zu wissen, daß diese neue Droge auch abhängig machte. Es folgten Klinikaufenthalte und etliche nutzlose Versuche, von der Sucht loszukommen: Einmal ließ sich John für drei Tage an einen Stuhl fesseln: »Sechsunddreißig Stunden / in Schmerzen gewunden / gebetet zu irgend jemand / mich wieder zu befreien / o ich will auch ein guter Junge sein / bitte mach mich gesund / ich verspreche dir alles / hol mich raus aus dieser Hölle / Cold Turkey läßt mich nicht entkommen«, heißt es in dem Song *Cold Turkey* (wörtlich übersetzt: kalter Truthahn, wie die Engländer den Affen oder das

Abstinenzsyndrom nennen). Wie es scheint, kam John sein ganzes Leben lang auf den Junk und wieder herunter, machte grausame Depressionen durch, deretwegen er oft im Bett liegenblieb und wenig aß, weil er an Appetitstörungen litt.

Auch Yoko durchlebte eine Zeit von Depressionen, doch schien sie weniger tief zu sinken als er, vielleicht weil sie stets vom Ehrgeiz, Erfolg zu haben, und der Wut, ihn nicht zu erreichen, getrieben war, oder vielleicht einfach, weil sie stärker war. John nannte Yoko Mutter, und zweifellos brauchte er sie mehr als sie ihn. Auf jeden Fall klebten sie aneinander und nährten die Phantasie einer Einheit. »Nachdem alles gesagt und getan ist, sind wir beide wirklich eins. Die Götter begünstigen unsere Liebe, liebste Yoko«, schrieb John auf seiner letzten Platte. Sie sagten immer und immer wieder, daß sie gleich seien, das sie Zwillingsseelen seien und sich anbeteten, vielleicht weil sie sich selbst dies glauben machen wollten, um die Andersartigkeit und den Schmerz zu teilen. Andererseits stritten sie sich heftig; Goldman sagt, daß sie sich ab und an gegenseitig tüchtig Prügel verabreichten oder sich wochenlang aus dem Weg gingen. Ein verrücktes Leben.

1973 verließ John Yoko und brannte mit seiner Sekretärin May Pang durch, einer jungen bezaubernden Chinesin, während Yoko ihrerseits einen anderen Mann umwarb. Die ersten neun Monate waren die Hölle: John prügelte sich vollkommen betrunken mit seinen Fans, wurde mit Fußtritten aus ein paar Lokalen geworfen, schlug seinem Gitarristen den Schädel ein, biß einem Musiker in die Nase, verwüstete mehrere Appartements und versuchte May Pang ein halbes Dutzend Mal zu erdrosseln. Doch die folgenden neun Monate waren himmlisch: Lennon beruhigte sich, reduzierte radikal seinen Drogenkonsum und begann zusammen mit der sanften May ein verliebtes und häusliches Leben zu führen. Sie kauften sich zusammen ein Haus, gerade als John Yoko von neuem ins Netz ging. Und so setzten sie ihre seltsame, so voneinander abhängige, so theatralische Beziehung wieder fort. Yoko inszenierte ihr familiäres Glück nach außen, doch intern blieb es turbulent, und es gibt Leute, die versichern, daß das Paar auf die Scheidung zusteuerte, kurz bevor John starb. Es gibt Beziehungen, deren Intensität mit ihrem Verfall zunimmt.

John starb mit vierzig Jahren am 8. Dezember 1980 an vier Schüssen, ohne die ersehnte Authentizität erlangt, aber auch ohne in seiner qualvollen Suche nachgelassen zu haben: Dies war seine Größe, sein privates Heldentum. Sein Mörder Chapman war ein fünfundzwanzigjähriger LSD-Abhängiger, der durch das Attentat in die Geschichte eingehen wollte – und einging. Einen Tag nach Johns Tod ließ Yoko in aller Eile eine Aufnahme mit Worten von Lennon zusammenstellen und füllte damit die B-Seite der Single, die sie gerade herausbringen wollte. Mit dieser Arbeit hatte Yoko Ono den größten Erfolg.

Mariano José de Larra

Mariano José de Larra
& Dolores Armijo

Die offizielle Legende erzählt, daß Mariano José de Larra (1809–1837) der beste spanische Vertreter der Romantik, ein stürmischer, emotionaler und leidender Mensch war, wie es dem Klischee eines Romantikers entspricht; und daß er in der Blüte seiner Jahre und auf dem Höhepunkt seines Erfolgs aus Liebe zu einer verheirateten Frau verrückt wurde und sich aus reiner Verzweiflung eine Kugel in den Kopf schoß. Doch die Legenden, das weiß man ja, schematisieren und verraten oft die Wirklichkeit. Larras Leben enthält natürlich viel mehr, viel mehr Schattierungen. Und eine gute Handvoll ungelöster Rätsel.

Larra war ein kleiner, adretter und unscheinbarer junger Mann, ein Geck. Er hatte Pausbacken, dicke Lippen und große, ängstliche Augen. Sein weiches rundliches Gesicht wurde von einem absurden Haarschopf eingefaßt, wobei jede Locke mit manischer Präzision gekämmt war. Er war so obsessiv auf das Kleiden und das Frisieren versessen, wie es für gewöhnlich die jugendlichen Verliebten sind, vor allem, wenn sie sich häßlich fühlen. Auf Frauen dürfte er wenig sexy ge-

181

wirkt haben; und ich bin fest davon überzeugt, daß er die Jugend auf emotionaler Ebene nie überwunden hat. Intellektuell war er hingegen ein wahres Wunder. Seine brillanten und tiefsinnigen Texte haben bis heute nicht an Aussagekraft verloren. In ihnen findet sich nichts von dieser Harmlosigkeit, die in seiner Mimik zu liegen scheint.

Larra war der einzige Sohn eines gebildeten und extravaganten Arztes, des Doktor Mariano de Larra, ein glühender und französisch gesinnter Anhänger von Joseph I. alias Pepe Botella, des Königs, der von Napoleon in Spanien eingesetzt worden war. Damals war die spanische Gesellschaft hin und her geworfen zwischen Modernität und Stagnation, zwischen Fortschritt und Reaktion, und konnte sich nicht für das Neue entscheiden, was Spanien mehr als ein Jahrhundert lang von der historischen Entwicklung Europas abhängte. In diesem Rahmen galt die Frankophilie als äußerst patriotische politische Option, so daß der Unabhängigkeitskrieg viel von einem Bürgerkrieg hatte. Ein Bruder des Doktor Larra fiel zum Beispiel im Kampf gegen die Franzosen, während er selbst Arzt bei der Invasionsarmee war. So sah sich also die Familie Larra nach Napoleons Niederlage im Jahre 1813 gezwungen, nach Frankreich zu fliehen.

Der kleine Mariano war damals vier Jahre alt. Bis zu diesem Zeitpunkt war er der Schatz des Hauses gewesen: Mariano war der einzige Sohn und Enkel, ein reiches und sowohl von seinen Eltern als auch von seinen Großeltern sehr verwöhntes Kind. Doch dann wurde er zu einem sehr harten Exodus gezwungen, vernachlässigt, vier Jahre Internatsschüler in Bordeaux, wo, wie man annehmen kann, die Dinge nicht so einfach waren:

Er war zu intelligent, zu sensibel und zu fremdartig. Manche Menschen verlieren auf diese Weise früh das Paradies, und dann ist der Rest ihres Lebens ein Drama.

Fünf Jahre später kehrte die Familie Larra im Schutze einer Amnestie nach Madrid zurück, und inzwischen erinnerte sich der Junge kaum noch an die spanische Sprache. Wieder war er der andere: ein Franzosling. Allem Anschein nach war er ein ernster und trauriger Junge, der in der Schule kaum Freunde hatte. Frühreif und an Politik interessiert hat er womöglich 1823 der öffentlichen Hinrichtung von General Riego, des Symbols des revolutionären Liberalismus, in Madrid beigewohnt. Es waren schlechte Zeiten für fortschrittliche Menschen. Ihr Leben lang hatten die Larras darunter zu leiden, selbst als Progressisten in der Regierung saßen.

Mit sechzehn Jahren schrieb sich Mariano an der Universität von Valladolid in Rechtswissenschaften ein. Damals spielte sich eine einschneidende Episode seines Lebens ab: Anscheinend verliebte sich Mariano in eine Frau, die um einiges älter war als er und die, wie er bald herausfand, die Geliebte seines Vaters war. Man sagt, daß diese Verwicklung, die so sehr für das 19. Jahrhundert und bürgerliche Kreise üblich war, ihm das Herz zerriß. Sicher ist, daß er nicht nur sein Studium aufgab, sondern auch sein Familienhaus verließ: Mariano ging nach Madrid, suchte sich eine Stelle in der Staatsverwaltung und begann sein eigenes Leben zu leben.

All dies geschah während der sogenannten unheilvollen Dekade, in jener besonders schändlichen Zeit der Herrschaft von König Ferdinand VII., als die Reaktion über die Maßen triumphierte: Zum Beispiel wurde 1831 die sehr junge Mariana Pineda mit einer Garotte hingerichtet, weil sie auf eine Fahne die Worte »Gesetz, Gerechtigkeit und Freiheit« gestickt hatte. Außer den offiziellen Zeitungen war jede Veröffentlichung verboten. Mit nur achtzehn Jahren wagte es Larra trotzdem, eine satirische und kritische Broschüre mit dem Titel *Das Gespenst* herauszugeben. Die kleine Zeitung stand sofort im Konflikt mit der Zensur, und wenige Monate später wurde sie auf Anweisung der Regierung eingestellt. Mariano war in seinem beruflichen Leben immer ein sachkundiger und geschickter Mann, während er im Privatleben Schiffbruch erlitt. Beißend, hochmütig und verächtlich, wie er war, fanden ihn die Menschen nicht gerade sympathisch. Obwohl er ein paar wenige enge Freunde hatte (vor allem Espronceda und der Graf von Campo Alange standen ihm nahe), war er zu kritisch und zu feinsinnig, als daß er sich ohne Konflikte mit Menschen zusammentun konnte.

Stets war er ein Einzelgänger, stets war er anders, ein Entwurzelter. Er war durch und durch ein Kind der Romantik, das heißt ein »erbitterter Individualist«, wie Umbral in seinem interessanten Essay über Larra sagt. Die Romantiker zerstörten die alte bestehende Ordnung (Vaterland, Gott, Moral) und blieben alleine zurück, schutzlos und tapfer in der Finsternis: Mit ihnen begann die existenzielle Leere der Moderne. Diese eher tragische Wahrnehmung des Lebens paßte zum melancholischen Charakter Marianos, einem Mann, der fähig war zu denken, daß jeder 24. des Monats ein unseliger Tag sei, nur aufgrund der Tatsache, daß er an einem 24. geboren wurde.

Auf der anderen Seite war er auch voller Enthusiasmus und Energie. Als sehr junger Mann beteiligte er sich zum Beispiel an Esproncedas berühmter *Krawallbande*, bei der zornige Jugendliche und Bohemiens La-

ternen zertrümmerten und die Madrider Nächte er-
oberten. Zudem liebte Mariano seine schriftstellerische
Arbeit. Doch vor allem engagierte er sich leidenschaftlich für die liberale Sache oder vielmehr für die Mo-
dernisierung Spaniens. Seine ganze Arbeit verrichtete er
in sehr schwierigen Zeiten und in ständigem Kampf mit
der Macht, und seine persönlichen Briefe waren ge-
spickt mit obskuren Bezügen auf Geheimnisse und Ge-
fahren. Er war ein Oppositioneller, ein Dissident auf
dem Drahtseil.

Nach dem Ende von *Das Gespenst* brachte er eine andere Broschüre heraus, *Der arme Schwätzer*, was ihm
einen frühen Erfolg bescherte. Und danach schrieb er
unter dem Namen *Figaro* in *La Revista Española*. Er war
erst dreiundzwanzig Jahre alt und für die damalige Zeit
bereits sehr bekannt. 1829, mit zwanzig Jahren, hatte er
Pepita Wetoret geheiratet, ein Mädchen aus gutem Hause, mit der er sich allerdings bald nicht mehr verstand.
Ich kann mir den hypersensiblen und emotionell bedürftigen Mariano vorstellen, wie er sich Hals über Kopf
in die Arme des ersten Mädchens warf, das ihn an-
schaute. Die Ehe war eine Katastrophe: Mariano ging
lieber zu seinem Gesellschaftssalon, dem *Parnasillo*, ins
Café Príncipe, als mit seiner Frau zusammenzusein, und
Pepita war ein eifersüchtiges junges Ding. Sie bekamen
trotzdem drei Kinder, doch das dritte, 1833 geborene,
wurde von Mariano nicht anerkannt. Schließlich verließ Pepita 1834 das Heim und ließ Mariano mit den
Kindern zurück. Mehr schlecht als recht kümmerte
er sich um sie. Mal hütete er sie mit väterlicher Liebe;
mal gab er sie für längere Zeit im Haus seiner Eltern ab.
Er war ziemlich unglücklich mit seinem Leben.

Der endgültige Bruch mit Pepita wurde herbeigeführt durch Marianos Beziehung zu Dolores Armijo. Dolores war eine dunkle und hübsche Sevillanerin, die Gedichte schrieb und die Ehefrau eines gewissen José Maria Cambronero war. Als Mariano sie 1831 kennenlernte, war er zweiundzwanzig Jahre alt und sie gerade zwanzig. Beide waren schon zwei Jahre verheiratet und von ihrer Ehe enttäuscht. Mariano, der nur wenig Erfahrung in der Liebe mitbrachte, war in sie verliebt. Und ich stelle mir vor, daß auch sie sich, wenigstens am Anfang, verliebt gefühlt haben muß.

Und wenn ich sage, ich stelle es mir vor, dann deshalb, weil Dolores, deretwegen sich Mariano vermutlich umbrachte, das größte Geheimnis in seinem Leben geblieben ist. Die Biografen schenken ihr kaum Beachtung: Sie ist als Karikatur in die Geschichte eingegangen, als windige Frau, die unfähig war, die Liebe Marianos zu schätzen, als kokette und mürrische Schönheit, die ihn in den Tod trieb. Doch wenn sie sich 1831 kennenlernten und der Skandal erst Ende 1834 bekannt wurde, so deshalb, weil sie eben doch zögerte, trotzte und fürchtete, sich ihm hinzugeben.

Innerhalb kurzer Zeit hatte das Gerücht Madrid von einem Ende zum anderen durchlaufen: In jenen Jahren war die Stadt nichts weiter als ein Stall, der von Klatsch und Gerüchten widerhallte. Einige Zeit später, als die Beziehung bereits zu Ende war, beklagte sich Dolores bei einem Mittelsmann, daß der Schriftsteller ein Mensch sei, der »kaum, daß er von mir eine Gunst empfing, ins Café und zu den Gesellschaften ging, um alles zu erzählen«. Ich glaube es: nicht aus plumper Prahlerei eines Verführers, sondern aus dem genauen Gegenteil, aus unbezähmbarer Freude eines unerfahrenen und häßlichen Menschen, aus Notwendigkeit, aller

Welt zu verkünden, daß die Schöne ihn liebte; und auch aus dem dummen und egoistischen Ehrgeiz, den Bruch zwischen Dolores und ihrem Ehemann herbeizuführen, um sie auf diese Weise ganz für sich zu haben. Tatsache ist, daß die Sache Anfang des Jahres 1835 publik und offenkundig war. Dolores Gatte brachte sie aus Madrid weg und verbannte sie nach Badajoz. Es müssen für sie ungeheuer bittere Monate gewesen sein.

Und natürlich auch für Mariano, der die Kinder zu seinen Eltern brachte und ihr in Begleitung seines Freundes, des Grafen von Campo Alange, hinterherfuhr. Er kam bis nach Badajoz, doch es gelang ihm nicht, sie zu sehen; daraufhin reiste er weiter nach Portugal und fuhr dann nach London und später nach Paris. Dem Anschein nach ging er für seinen Vater Schulden eintreiben, doch in Wirklichkeit floh er vor dem Skandal und seinem eigenen Schmerz. Wahrscheinlich überlegte er, alles hinter sich zu lassen und in Frankreich ein neues Leben anzufangen. Denn von alledem abgesehen, fühlte sich Mariano auch in der politischen Frage erschöpft.

1834, während sich das Melodrama seines Privatlebens abspielte, war das öffentliche Leben in Spanien für ihn immer erdrückender geworden. Ferdinand VII. war 1833 gestorben, und nach dem Ende der unheilvollen Dekade kamen die Liberalen an die Macht: Dies war für Mariano ein Moment der Hoffnung. Doch unmittelbar darauf brach der karlistische Bürgerkrieg aus (der Infant Karl, Bruder von Ferdinand VII. und Repräsentant des düstersten und reaktionärsten Spaniens, beanspruchte den Thron, den Isabella, die Tochter des Königs, innehatte), und die Regierung beging tausend Fehler und zeigte sich unfähig, die Barbarei zu zügeln. Monat für

Monat wurde die Situation schlimmer. Die Zensur war stärker als je zuvor. Erbittert veröffentlichte Mariano unter dem Pseudonym Figaro einen scharfen Kommentar in *La Revista*: »Nie schreibe ich mehr Artikel, als dann, wenn meine Leser keinen sehen, so daß anstatt zu sagen ›Figaro hat diesen Monat nichts geschrieben‹, es näher an der Wahrheit läge zu sagen, wenn sie diesen Monat keinen einzigen Figaro unter einem Artikel gesehen haben: ›Wieviel wird Figaro diesen Monat geschrieben haben!‹.« Allein im Herbst 1834 wurden sechs Texte von ihm verboten.

So ging es Mariano durch den Kopf, alles hinter sich zu lassen und das Land und sein Leben zu wechseln. Er fing an, Artikel in Paris zu veröffentlichen, doch nach wenigen Monaten stellte er fest, daß es ihn viel Mühe kosten würde, in Frankreich denselben Erfolg zu erlangen, wie er ihn bereits in seinem Land erreicht hatte. Außerdem war Mendizábal in Spanien an die Macht gekommen, und die Dinge schienen sich zum Guten zu verändern: »In Anbetracht dessen, daß der Augenblick gekommen ist, da meine Partei den völligen Sieg davonträgt, möchte ich mich hier nicht länger aufhalten«, schrieb Mariano an seine Eltern. Also kehrte er nach einem halben Jahr Abenteuer in Europa nach Spanien zurück. Die Tageszeitung *El Español* stellte ihn für 20 000 Real pro Jahr an: ein Vermögen seinerzeit. Das Leben lächelte ihm zu. Im Januar 1836 brachte er seinen ersten Artikel heraus: *Figaro ist zurück*. Er frohlockte: »Wenn es etwas gibt, dessen ich nicht überdrüssig werde, so ist es leben«, schrieb er.

Durch die Artikel, die Mariano in diesem Jahr veröffentlicht hatte, läßt sich der Prozeß seines Verfalls, der furchtbare Übergang von der Hoffnung zur tiefen Betrübnis nachvollziehen. Zunächst war er ein Anhänger von Mendizábal, dann brachten der klare Verstand und eine radikale Haltung ihn gegen jenen auf, und er kritisierte zum Beispiel das neue Wahlgesetz, welches das Wahlrecht der Reichen bevorzugte: »Es gibt nichts zu wählen außer die vielen Geldsäcke; ein Geldsack irrt sich schwerlich; zwei Geldsäcke haben immer recht und viele Geldsäcke zusammen bewirken Wunder.« Wieder verriet eine liberale Regierung Marianos Hoffnungen. Der Schriftsteller hatte zu fortschrittliche Ideen für die damalige Zeit: so progressiv, daß ihm die orthodoxesten Liberalen ihre Unterstützung versagten. Sie begannen sogar, ihn als Reaktionär zu bezeichnen, nur weil er die Haltlosigkeiten der Regierung anprangerte. Mariano fühlte sich immer einsamer.

Vielleicht war es diese Einsamkeit, die ihn dazu bewegte, einen folgenschweren Schritt zu unternehmen: Als Mendizábal im Mai 1836 stürzte und durch den gemäßigteren Istúriz ersetzt wurde, beschloß Mariano, bei den Wahlen als Abgeordneter zu kandidieren. Gewiß muß auch die schöne Dolores dazu beigetragen haben, wenn auch ohne es zu wollen.

Als Mariano aus Paris zurückkam, hatte er sich verzweifelt auf die Suche nach Dolores gemacht. Schließlich machte er sie über einen gemeinsamen Freund ausfindig: Sie war in Ávila, wollte jedoch nichts von ihm wissen. Mariano schickte ihr, wieder mit Hilfe desselben Mittelsmannes, ein paar Liebesbriefe, und ihre einzige Antwort war: »Sie sind mir ein schöner Heuchler.« Daraufhin stellte sich Mariano für Ávila zur Wahl, weil er dachte, er könne Dolores auf diese Weise näher sein oder sie mit seinem Amt beeindrucken. Im August 1836 wurde Mariano gewählt. Doch Mendizábals Manöver gegen Istúriz führten zur Meuterei der Feldwebel von La Granja. Istúriz fiel, und die Wahlen wurden annulliert; Mariano war nur zwanzig Tage lang Abgeordneter. Seine Situation war verzweifelt, denn er konnte in seinen Artikeln keine politische Kritik mehr äußern: In dem Moment, als er sich für das Amt bewarb, hatte er seine sprichwörtliche Unabhängigkeit verloren.

Nach und nach versperrten sich ihm in diesem Jahr 1836 alle Türen. Noch dazu starb sein Freund, der Graf von Campo Alange, im Kampf gegen die Karlisten. Marianos Texte waren voll der Anklage: »In Madrid zu schreiben heißt weinen, heißt eine Stimme suchen, ohne sie zu finden, wie in einem drückenden und heftigen Alptraum. Warum schreibt man nicht einmal für die Seinigen? Wer hört hier überhaupt zu?« Dann kam der letzte Akt der Tragikomödie mit Dolores. Kann sich ein kluger Mensch wie ein Narr verhalten? Ja, er kann es, wenn er liebt. Allen Anzeichen nach war Mariano ein verliebter Schwachkopf.

Es ist nicht genau bekannt, was in jenen letzten Monaten geschah, doch dürfte Dolores' Ehemann sie schließlich verlassen haben. Mariano mußte geglaubt haben, daß sie zusammenkommen konnten, sobald sie frei war: Doch er hatte nichts begriffen. Nachdem er auf allen anderen Ebenen Niederlagen erlitten hatte, war er um so besessener von ihr. Aber Dolores liebte ihn nicht; tatsächlich hatte sie einen anderen Liebhaber. Man sagt, daß Mariano, nachdem er alle seine Positionen verloren hatte, den Rivalen zu einem Duell herausforderte. Man kann sich den Schrecken der Frau vorstellen: Wegen einer flüchtigen Liebesillusion, wegen einer Jugendsünde, war sie das Opfer einer Leidenschaft geworden. Sie hatte die verhängnisvolle Anziehung eines Mannes erweckt, der sie in einen Skandal hineingezogen hatte und sie Jahr für Jahr unbarmherzig verfolgte.

So beschloß sie also am 13. Februar 1837, diesem Alptraum ein Ende zu bereiten. Sie schickte Mariano früh am Morgen einen Brief, in dem sie ihm sagte, sie wolle ihn in seinem Haus aufsuchen, um mit ihm zu sprechen. Mariano, der ganz außer sich war, glaubte, sie käme, um Frieden zu schließen. Am späten Nachmittag empfing er Dolores, die in Begleitung einer Freundin kam. Während die Freundin diskret im Vorzimmer wartete, gerieten Dolores und Mariano zum letztenmal aneinander. Er flehte sie an; sie bestand darauf, daß alles für immer zu Ende sei, und verlangte ihre Briefe. Schließlich sah sich Mariano gezwungen, sich die Realität einzugestehen; er händigte Dolores die Briefe aus, und sie verließ das Zimmer. Doch er hatte ihr noch nicht einmal Zeit gegeben, die Wohnung zu verlassen, als sie den tödlichen Knall des Pistolenschusses hörte. Mariano José de Larra hatte sich eine Kugel in den Kopf gejagt; es waren wenige Wochen vor seinem achtundzwanzigsten Geburtstag. Er hatte seit Monaten den Freitod erwogen (seine Texte waren voller Hinweise), doch nun, da er sich mit soviel Eile erschossen hatte, rächte er sich in Wirklichkeit an Dolores. Kein Biograf weiß zu erzählen, was aus dieser Frau geworden ist.

Lewis Carroll

Lewis Carroll &
Alice Liddell

Als er jung war, sah er spießig und snobistisch aus, ein lächerlicher Poet mit sorgfältig frisierten Locken, die über seinen Ohren schwebten. Mit zunehmendem Alter welkte er höflich dahin, ohne aufzufallen, und behielt denselben abwesenden und ernsten Blick bei (es gibt kein Foto von ihm, auf dem er lächelt), doch er nahm ein immer melancholischeres Aussehen an, als ob er von Traurigkeit verzehrt würde. In ihm war etwas Rohes oder Unfertiges: Man könnte sagen, daß es ihm an Feuer fehlte, um vollkommen ein Mensch zu sein. Angeblich war er noch »Jungfrau«, als er mit fünfundsechzig Jahren an Lungenentzündung starb.

Was natürlich nicht heißt, daß er die Liebe nicht kannte. Denn Charles Lutwidge Dodgson, weltweit unter seinem Autorennamen Lewis Carroll bekannt, liebte mit äußerster Leidenschaft Alice Liddell, ein damals zehnjähriges Mädchen, als er ihr zu Ehren die Erzählung *Alice im Wunderland* und ihren zweiten Teil, *Alice hinter den Spiegeln*, schrieb.

Außer diesen beiden Büchern, die ihm als Schöpfer des Nonsense oder des absurden Humors literarischen

Ruhm einbrachten, schrieb Carroll weitere Erzählungen und Gedichte und fünfundzwanzig Abhandlungen über Mathematik und Logik, die unter seinem bürgerlichen Namen Charles Dodgson erschienen. Er lebte siebenundvierzig Jahre lang in der Universität von Oxford, wo er Mathematik lehrte. Ein beliebter Professor dürfte er nicht gerade gewesen sein: Die Schüler verließen seinen Unterricht in Scharen. Er war eine obsessive, puritanische Person.

Wegen seiner Obsession, nackte Mädchen zu fotografieren, wurde er zum Gesprächsthema von ganz Oxford. Er verfügte, daß nach seinem Tod diese gewagten Fotos vernichtet werden sollten, doch mindestens eines hat überlebt: das von Evelyn Hatch, einem Mädchen von ungefähr neun Jahren. Es ist in der interessanten Biografie von Michael Bakewell abgebildet, eine unglaubliche Aufnahme: Evelyn hat ihren Körper nach vorn gebeugt, ein Knie angewinkelt und die Arme hinter den Kopf verschränkt wie ein Pin-up-Girl. Der Pädophile Charles Dodgson schaffte es, sich sein ganzes Leben am Rande des Skandals zu bewegen, ohne ihn zu überschreiten.

Charles (1832–1898) hatte drei Brüder und sieben Schwestern und lebte die ersten elf Jahre seines Lebens auf dem Lande, denn sein Vater war Pfarrer in einem kleinen Dorf in Cheshire. Er selbst beschreibt seine Kindheit als das wunderbarste aller Paradiese, und seine Biografen sind für gewöhnlich schnell dabei, Charles' Hang zu kleinen Mädchen mit dem Argument zu erledigen, daß ihn die Kleinen an seine glückliche Kindheit erinnerten. Unsinn, ist man versucht zu sagen, wie Alice in seinen Erzählungen. Das Leben ist nie so einfach, und Charles kam ziemlich schlecht aus dieser angeblich so herrlichen Kindheit heraus.

Von den elf Geschwistern, die sie waren, heirateten nur drei: Die Familie schien sie nicht auf das vorzubereiten, was damals die einzige Möglichkeit zu einem normalen Sexualleben war. Charles wie auch sechs seiner Schwestern stotterten, und diese Sprachbehinderung muß seinen Eintritt in die staatliche Schule von Rugby noch schwieriger gemacht haben. Er wurde mit vierzehn Jahren, als er zartbesaitet war und ein fast weibliches Aussehen hatte, dorthin geschickt und blieb drei Jahre im Internat. Eine brutale Erfahrung: Einige Biografen behaupten gar, Charles' gestörte Sexualität rühre von dorther.

Auf jeden Fall war er ein auf fatale Weise gespaltener Mensch. Da er eine gutmütige, schwache und fügsame Person war, war er nicht in der Lage, sich den Vorhaben seines strengen Vaters zu widersetzen. Charles liebte das Theater und hatte ein künstlerisches, spielerisches, rebellisches Wesen. Doch die Stimme des Vaters (der verinnerlichte Befehl, die Pflicht) veranlaßte ihn dazu, die niederen Weihen anzunehmen und Diakon zu werden.

Sein ganzes Leben verlief auf diesen beiden Wegen: Charles Dodgson, ein bis zur Halskrause stets schwarz gekleideter Kleriker, extrem konservativ in all seinen religiösen oder politischen Äußerungen, spießig, frömmlerisch und so prüde, daß er imstande war, ein Theater zu verlassen, wenn ein männlicher Schauspieler als Frau verkleidet auf die Bühne kam. Und Lewis Carroll, das Genie und der Grenzgänger, mit seinem Sinn für Humor, der in der Lage war, alle Konventionen auf den Kopf zu stellen, Liebhaber der Fotografie, einer Avantgardekunst zur damaligen Zeit, der Nonkonformist, der pädophile Verehrer kleiner Mädchen. Genaugenommen war er ein perfekter Repräsentant der Dualität, der Repression und der Heuchelei der viktorianischen Ära: Erinnern wir uns, daß Robert Louis Stevenson seinen *Dr. Jekyll und Mr. Hyde* (eine Fabel, die Charles wie auf den Leib geschneidert ist) 1886 schrieb, also auf dem Höhepunkt der Herrschaft Königin Viktorias.

Das Ausmaß dieser Repression zeigt sich in seinen Tagebüchern, in denen er fast nie seine Gefühle beschreibt. Die Emotionen scheinen verboten zu sein, abgesehen von gewissen stereotypen schwärmerischen Absätzen, in denen er erklärt, kleine Mädchen zu lieben sei gleichbedeutend damit, Gottes Werk zu lieben. Abgesehen davon und von einigen ziemlich kryptischen Ausführungen über die Geißel der »unreinen Gedanken« offenbart dieses Tagebuch keinerlei Intimität. Aber seine Intimität muß ein unsäglicher Abgrund gewesen sein. Er hat nie zugegeben, daß kleine Mädchen ihn sexuell anzogen: Für ihn sollte diese seltsame Obsession die Verkleidung einer rein pseudoreligiösen, ästhetisierten Emotion annehmen. Und damit er seinen Begierden nicht erlag, schloß er sie in den Käfig des logischen Kalküls ein. Der Mathematiker Dodgson, der geradezu besessen war, komplizierte Kopfrechnungen anzustellen, hielt so seine Perversion in Schach.

Sein Leben war ein gigantischer Selbstbetrug. Zum Beispiel sagte er immer, daß ihn Kinder im allgemeinen begeisterten. Jedoch haßte er Jungen: Sie stießen ihn regelrecht ab. »Entschuldigen Sie meine groben Worte (ich weiß nicht, wie ich es eleganter sagen könnte)«, schrieb er dem Illustrator einer seiner Erzählungen, »doch im Buch darf auf keinen Fall ein Bild sein, auf dem der nackte Hintern eines Jungen zu sehen ist, nicht

einmal eines ganz kleinen Jungen.« In Wirklichkeit gefielen ihm nur Mädchen, und besonders die zwischen
neun und zwölf Jahren. Was er schließlich in Carroll-
scher Manier zugab: »Ich liebe Kinder, mit Ausnahme
von Jungen.«

Als er Alice Liddell kennenlernte, war die Kleine vier
Jahre alt und Charles vierundzwanzig. Zuerst war er in
Lorina, die ältere Schwester von Alice, verliebt, die damals sieben Jahre alt war. Und da war noch eine jünge-
re Schwester, Ethel, die zwei Jahre alt war. Sie waren die
Töchter eines Dekans von Oxford: Charles sah sie im
Garten des Dekanats spielen und war völlig vernarrt. Er
begann, sie jeden Tag zu besuchen, bis er Mrs. Liddell
mit seiner Anwesenheit belästigte. Er fotografierte sie,
machte ihnen Geschenke und schrieb ihnen Briefe. Im
Laufe der Jahre wurde Alice zu seinem Liebling. Er por-
trätierte sie als Bettlerin verkleidet, so daß die Lumpen
ihre Schultern und einen Teil der Brust des Mädchens
freigaben: Damals wagte er noch nicht mehr. Im Sommer machte er Bootsausflüge mit den Liddell-Töchtern.
Bei diesen schönen Fahrten erzählte er ihnen Märchen,
die er sich unterwegs ausdachte.

An einem Tag, dem 4. Juli 1862 (Charles war zweiunddreißig und Alice zehn Jahre alt), erzählte er den
drei Mädchen eine wundersame Geschichte von einer
Alice, die in den Bau eines weißen Kaninchens fiel. Die
begeisterte Alice bat ihn, diese Geschichte aufzuschrei-
ben und sie ihr zu schenken. Und da er nach wie vor
von der Kleinen bezaubert war, machte er sich in derselben Nacht an die Arbeit. Das Manuskript der ersten
Version des Buchs, das den Titel *Alices Abenteuer im Untergrund* trug und zwei Zeichnungen von Charles enthielt, wurde erst im November 1864 fertiggestellt. Doch

zu jener Zeit war die Beziehung zwischen Charles und Alice bereits zu Ende (trotzdem schickte er ihr das Manuskript als Geschenk).

Der Bruch geschah im Sommer 1863 aufgrund einer Auseinandersetzung mit Mrs. Liddell. Einige Biografen behaupten, Charles habe um die Hand von Alice angehalten und wurde auf so üble Weise abgewiesen, daß die Freundschaft endgültig erkaltete. Doch viele Jahre später schrieb eine achtzigjährige Lorina an ihre Schwester Alice und erinnerte sie an die Umstände des Streits mit Carroll: »Als du älter wurdest, behandelte er dich immer zärtlicher, und Mama sagte zu ihm etwas, das ihn so sehr beleidigte, daß alles zu Ende ging.«

Mrs. Liddell hatte von Anfang an ein starkes Mißtrauen gegenüber diesem so merkwürdigen jungen Diakon empfunden, der wie eine Klette an ihren Töchtern hing. Charles küßte die Mädchen fortwährend, setzte sie auf seine Knie und streichelte sie unentwegt; und er schrieb ihnen richtiggehende Liebesbriefe (Mrs. Liddell ließ Alice nach dem Bruch alle seine Briefe zerreißen). Dieses Verhalten muß wohl im Fall der vergötterten Alice so abscheulich gewesen sein für die Mutter, daß man sich leicht vorstellen kann, was Mrs. Liddell an jenem Sommernachmittag zu Charles gesagt haben mag.

Und Alice? Laut ihren Zeitgenossen war sie eine besonders schöne und verführerische Frau: Prinz Leopold, der jüngste Sohn von Königin Viktoria, verliebte sich unsterblich in sie, als er sie kennenlernte, obwohl natürlich eine Hochzeit mit einer Bürgerlichen nahezu ausgeschlossen war. Auf Charles' Fotos hat sie dunkles, kurzes Haar und blaue Augen und einen tiefen und eindringlichen Blick. Auf den Porträts kokettiert sie mit ihm, oder besser gesagt, sie becirct ihn wie eine kleine Königin, die sich ihrer Macht bewußt ist. Wahrscheinlich liebte sie Charles auf ihre Weise: Jahre später, nachdem sie lange Zeit keinen Kontakt mehr zu ihm gehabt hatte, nannte sie ihren dritten und jüngsten Sohn Caryl (obwohl sie jede Reminiszenz an Carroll immer abstritt).

Während Alice außerhalb seiner Reichweite heranwuchs, einen hübschen und gewöhnlichen jungen Mann heiratete und ein konventionelles Dasein führte, wurde Charles' Leben jeden Tag exzentrischer. Er begann, Dutzende von »kleinen Freundinnen« zu haben, wofür er sich »kindlicher« Strategien bediente. Zum Beispiel fuhr er mit einem kleinen Koffer voller Spielzeug herum: Bastelbögen, Scheren und Puppen. Sobald er ein kleines Mädchen traf, öffnete er seinen Wunderkoffer. Und den Sommer pflegte er in Eastbourne, einer Stadt an der Küste, zu verbringen, weil er dort am Strand sehr leicht Mädchen kennenlernen konnte. Er trug sogar Sicherheitsnadeln bei sich, damit er die Röcke der Mädchen zusammenstecken konnte, wenn er mit ihnen am Wasser spazierenging. Am Ende jedes Jahres schrieb er, als wäre er Don Juan, eine Liste mit allen seinen Eroberungen auf. In der Zwischenzeit hatte er *Alice im Wunderland* veröffentlicht, eine leicht überarbeitete Version des Originalmanuskripts. Das Buch war ein großer Erfolg, der ihm den Weg ebnete: Während er in gesellschaftlichen Kreisen seine Doppelexistenz verheimlichte, verriet er den kleinen Mädchen sofort, daß er der Autor dieses sehr beliebten Kinderbuchs war. Und sie waren ihm natürlich ergeben.

Obwohl Charles einen unerträglichen Klassendünkel besaß, begann er Schauspielermädchen aufzusuchen, da ihre Eltern nicht so vorsichtig waren, wenn es darum ging, sie nackt zu fotografieren oder alleine mit einem erwachsenen Mann spazierenzugehen. Er freundete sich mit einer Malerin namens Gertrude Thomson an, die kleine nackte Feen nach Modellen zeichnete. Diese Freundschaft diente Charles als Vorwand: Gertrude schickte ihm aus London Modelle, arme Mädchen, die ohne Kleider vor ihm posierten. Das Verlangen, das Charles verspürte, splitternackte Mädchen zu porträtieren, wurde schließlich so quälend, daß es für ihn zu einer Gefahr wurde. Er schrieb verrückte Briefe an die Mütter der Mädchen, welches das Mindestmaß an Kleidung sei, in der er die Kleinen fotografieren durfte (»natürlich wäre es am besten ohne alles«), und bat sie darum, daß die Mädchen alleine kämen. Wenn die Mütter mit natürlicher Besorgnis antworteten, daß ihre Töchter auf jeden Fall in Begleitung kämen, dann sandte ihnen Charles wütende Schreiben und war wegen des fehlenden Vertrauens in ihn tödlich beleidigt. Wenn man an Charles denkt, kommt einem unweigerlich Humbert Humbert in den Sinn, der Protagonist von *Lolita*, dem schönen Roman von Vladimir Nabokov.

Seine Unvernunft und Dreistigkeit sorgten in Oxford für einen solchen Skandal, daß Charles sich 1880 schließlich gezwungen sah, das Fotografieren für immer aufzugeben: Da er keine Mädchen ohne Kleider mehr ablichten durfte, wollte er nun überhaupt keine Aufnahmen mehr machen. Und so gab er von heute auf morgen eine Passion auf, mit der er mehr als ein Vierteljahrhundert beschäftigt war. Was er jedoch nicht aufgab, war das Anschauen dieser verbotenen Körper: Bis an sein Lebensende malte er nackte Mädchen, und zwar im Atelier von Gertrude.

So verlief sein Leben mit Dutzenden kleinen Mädchen, die sich auf seine Knie setzten und dann groß wurden und ihn verließen (»Die Liebe der Kinder ist eine vergängliche Sache«). All diese Kleinen, die er liebkoste und für die er phantastische Welten erfand, bewahrten an ihn eine wunderbare Erinnerung: Die Beziehungen, die er hatte, waren gewiß krankhaft, doch sie scheinen den Mädchen nicht geschadet zu haben. Ich stelle mir Charles vor, ein alter Junggeselle, der sich nicht einmal zu atmen traut, um das Mädchen (irgendein Mädchen) nicht aufzuwecken, das auf seinem Schoß schläft: Und das erschüttert mich. Solch eine Unmöglichkeit, die unendliche Einsamkeit und Verlassenheit. Charles' Leben war ein Leben auf der Kippe, an der Grenze zwischen Genie und Wahnsinn.

Und seine größte Liebe, seine tiefste Leidenschaft, auf deren Grundlage sich die anderen wie ein schwacher Abklatsch wiederholten, war Alice Liddell. Die Erinnerung an Alice enthielt die Unschuld des ersten Mals, ein Flügelschlagen im Wasser, den Sonnenschein, der sich zwischen den Blättern bricht, die Hitze der Jugend und des Sommers, die Schönheit der Welt und der Dinge. All dies ließ Charles deutlich erkennen, als er Alice im Jahre 1885 schrieb (er war inzwischen dreiundfünfzig und sie dreiunddreißig Jahre alt), um sie um das Originalmanuskript von *Alices Abenteuer im Untergrund* zu bitten, von dem er eine Faksimile-Ausgabe machen wollte: »Meine liebe Mrs. Hargreaves [ihr Ehename], ich nehme an, dieser Brief kommt Ihnen vor wie eine Stimme aus dem Jenseits, nach so vielen Jahren des Schweigens; aber (…) ich erinnere mich noch sehr gut an das Mädchen, das über so viele Jahre meine liebste kleine Freundin war. Ich habe eine Menge Freundinnen seit damals gehabt: aber das war ganz etwas anderes.«

Viele Jahre später, im Jahre 1928, sah sich Alice gezwungen, dieses Manuskript zu versteigern. Sie war sechsundsiebzig Jahre alt und lebte allein mit Caryl: Ihre beiden ältesten Söhne waren im Ersten Weltkrieg gefallen, und ihr Ehemann war einige Jahre zuvor verschieden. Sie war alt und verarmt, und Lewis Carrolls Geschenk rettete sie vor dem Ruin und erlaubte ihr, ihr Haus instandsetzen zu lassen. Anläßlich des Verkaufs gab es ein paar öffentliche Feiern, an denen Alice teilnahm: Sie durchlebte noch einmal mit Anmut und Temperament ihre Rolle als literarische Muse. So kehrte also Alice auf ihre alten Tage in ihre Kindheit zurück und war noch einmal Alice im Wunderland. Doch heute ist auch das bereits wieder Geschichte.

Amedeo Modigliani &
Jeanne Hébuterne

Wir alle tragen in uns die Möglichkeit unseres eigenen Verderbens, des inneren Abgrunds, in den wir stürzen können; und oft ist der Schlüssel, der die Tür in die unheilvolle Tiefe öffnet, eine Liebesbeziehung. Die Geschichte von Amedeo Modigliani und Jeanne Hébuterne ist die Geschichte einer doppelten Zerstörung. Es ist eine schreckliche Erzählung voller Erniedrigung und Gewalt. Keine Epik, nur Elend, Verletzung und Betrübnis.

Patrice Chaplin, die Autorin eines originellen und interessanten Buchs über Amedeo und Jeanne, zeigt einen merkwürdigen Eifer, diese mörderische Beziehung als Liebesgeschichte darzustellen und Jeanne in ein günstiges Licht zu rücken. Es ist allerdings kaum möglich, sich nicht zu einem unserer beiden Protagonisten hingezogen zu fühlen. So mitleidig und so erschütternd. Und so irritierend, wie Verfall unweigerlich irritiert und verstört.

Tatsächlich war in Amedeos Leben von Anfang an Verfall. Der sephardische Jude wurde 1884 in Italien als Sohn eines bankrotten Bankiers geboren. Es war die überragende und energische Mutter, die die Familie vor

Amedeo Modigliani

Jeanne Hébuterne

dem Elend rettete, indem sie eine Schule eröffnete. Die Mutter hielt Amedeo sein ganzes Leben lang mit monatlichen Schecks aus und ermutigte ihn in seinen künstlerischen Neigungen. Denn Amedeo brannte natürlich vor Ehrgeiz. Mit siebzehn Jahren schrieb er einem Freund: »Aufs höchste gespannte Energie-Anfälle erfassen mich und lösen sich wieder auf. Und doch möchte ich, mein Leben flösse wie ein reicher Strom voller Freude über die Erde.« In diesen Energie-Anfällen äußerte sich der Anspruch seines unleugbaren Talents. So kam Amedeo 1906, einundzwanzigjährig und zum Triumph entschlossen, nach Paris. Von da an ging alles bergab.

Körperlich war nicht viel mit ihm los: Er war mager und klein (gerade mal einen Meter fünfundsechzig groß), hatte schmale Schultern und einen geradlinigen Brustkorb. Als er sich in Paris niederließ, hatte er bereits Typhus und Rippenfellentzündung hinter sich und litt an chronischer Tuberkulose, die ihn schließlich das Leben kostete. Doch all diese Krankheiten wurden von seinem Appeal gleichsam ausgelöscht. Er war ein dunkler Typ, mit lockigen Haaren und feurigem Blick, außerordentlich schön und verführerisch. Er machte Männer wie Frauen verrückt: Jean Cocteau sagte über ihn, er sei »glanzvoll«. Wenn Amedeo nicht betrunken war, wenn er sich glücklich fühlte (was selten war), war er ein bezauberndes Wesen. Alle sprachen von seiner aristokratischen Art, seiner natürlichen Eleganz. Er war stets vortrefflich gekleidet (seine Kordanzüge und sein rotes Halstuch wurden berühmt), sauber und frisch rasiert. Eine großartige Leistung angesichts des Lebens, das er führte.

Vornehm und extrem individualistisch war er auch in

seinem Temperament und in seiner Kunstauffassung.
Kunst war für ihn eine Art Mystizismus, eine romantische und absolute Hingabe: »Die Schönheit stellt
schmerzhafte Erfordernisse.« Mit seinen Zeitgenossen
verstand er sich nicht gut: Amedeo forderte zu einer
Zeit das Unterbewußte, als der Kubismus herrschte.
»Sie wollen die Welt organisieren«, sagte er zum kubi-
stischen Maler Fernand Léger, »aber die Welt läßt sich
nicht mit dem Lineal abmessen.« Die Divergenz wurde
noch größer, als sich nach der Russischen Revolution
von 1917 viele Künstler den Bolschewisten anschlossen:
Amedeo war zu pessimistisch, zu skeptisch, um an den
Sozialismus zu glauben. Er hätte besser zu den Surrea-
listen gepaßt; doch der Surrealismus kam erst fünf Jahre nach Amedeos Tod auf. So war Amedeo also recht
allein, überall war er fehl am Platz; und dies muß wohl
Teil seines Scheiterns gewesen sein.

Seine Bilder gefielen damals nicht. Heute ist diese
Ablehnung schwer zu verstehen, so klassisch kommen
uns seine Werke vor. Doch seine langen Hälse schienen
grotesk, seine Akte mit gut sichtbarem Geschlechtsteil
erregten Zorn, und seine Gemälde wurden für häßlich
befunden. Als Amedeo nach Paris kam, stellte er im
Salon d'Automne aus und verkaufte weder Bilder noch
erhielt er Kritiken. Er stellte im Salon des Indépendants
aus – mit demselben Ergebnis. Er versuchte einen Händler zu finden und schaffte es nicht. Er verkaufte kein einziges Bild. Er machte Skulpturen, aber die Geringschätzung von seiten der Öffentlichkeit war so vernichtend,
daß er die Plastiken schließlich in den Fluß warf. Inzwischen feierten viele Künstler in seinem Umfeld Erfolge;
nur er nicht, obwohl er Talent hatte. Diese Ungerechtigkeit verzehrte ihn.

Das Leben als Bohemien bedeutete, ohne einen Pfennig über die Runden zu kommen, denn das Geld von Mama wurde sofort ausgegeben, und in den Kriegsjahren wurden die Geldsendungen überhaupt eingestellt, wodurch Amedeo ins tiefste Elend gestürzt wurde. Er schlief in drittklassigen Pensionen oder auf Parkbänken. Er war den ganzen Tag im Haschischrausch und trank wie ein Lebensmüder. Wenn er besoffen war, legte er sich mit allen an: Dann suchte er Streit, wurde wild und unerträglich. Er zerstörte die Kunstwerke seiner Kollegen, oder besser gesagt Gegner, und warf eine seiner Geliebten, die britische Schriftstellerin Beatrice Hastings, aus dem Fenster (das zudem noch geschlossen war).

Diese Ausfälle und Extravaganzen waren im Milieu von Montmartre und Montparnasse seinerzeit nichts allzu Ungewöhnliches. In ihrer Biografie über Simone de Beauvoir zeichnen Claude Francis und Fernande Gautier ein lebendiges Bild der Pariser Boheme von damals. Der Mittelpunkt von Amedeos Leben war das Café La Rotonde. Dort machte er Schnellporträts für fünf Francs, um etwas zu essen (oder eher: zu trinken) zu bekommen. Unter den Stammgästen war ein Kerl, der die eine Hälfte der Nase rot und die andere gelb angemalt hatte; und ein anderer, der die Fußgänger mit einer wilden Katze bedrohte, damit sie ihm ein paar Centimes gaben. Jeder ging mit jedem ins Bett, und die Geschlechtskrankheiten grassierten. Es wurden orgiastische Feste gefeiert, die nicht selten auf der Polizeiwache endeten oder in große Schlägereien ausarteten. Amedeo war bekannt, denn er zog durch die Lokale und trank aus den Gläsern der Stammgäste, bis er umfiel. Die Touristen gingen in die Cafés der Künstler, um sich von der Exaltierheit des Boheme-Lebens erschaudern zu lassen: Und Amedeo stellte seine Selbstzerstörung am dekorativsten und malerischsten zur Schau.

In der Rotonde tauchte eines Tages Jeanne Hébuterne auf, ein achtzehnjähriges Mädchen, das wie ihr Bruder André an der Académie Colarossi Kunst studierte. Sie war die Tochter des Kassierers eines großen Kaufhauses, einer typischen Mittelschichtsfamilie: konventionell, anständig und ordentlich. Jeanne war klein, hatte eine milchweiße Haut und kastanienbraunes Haar, das in Zöpfen geflochten war. Sie hatte riesige, beunruhigend blaue Augen: Auf den wenigen Fotos, die von ihr existieren, sieht sie nicht häßlich, aber doch recht sonderbar aus. Sie sprach sehr wenig, so daß einige Freunde von Amedeo sich später nicht daran erinnerten, sie jemals auch nur ein einziges Wort reden gehört zu haben; und sie litt an einem gewissen Hang zur Melancholie. Sie konnte gut zeichnen, aber in ihren Werken versuchte sie Modigliani nachzuahmen: ein natürlicher Einfluß, wenn man bedenkt, wie jung sie war. Amedeo ging dreizehn Jahre lang mit ihr.

Jeanne war in ihrer Kleidung origineller: Sie trug auffallende Tuniken und exotische Turbane. Als sie in der Rotonde auftauchte, erregte sie augenblicklich Interesse: Letzten Endes war sie junges und neues Fleisch, und die Stammgäste müssen wohl Wetten abgeschlossen haben, wer mit ihr anbändelte. Es gewann Amedeo, der – zu Recht – den Ruf hatte, mit allen seinen Modellen ins Bett zu gehen. Er machte ein Porträt von Jeanne, und sie wurden ein Paar. Das war 1917.

Tatsache ist, daß Jeanne Jungfrau war, wahrscheinlich die erste Jungfrau, die Amedeo in seinem Leben getroffen hatte. Ihre »Unschuld« erweckte in ihm womöglich den paternalistischen und traditionellen Latino. Jeanne war für ihn wie eine Verlobte: Sie schliefen miteinander, doch sie lebte weiterhin bei ihren Eltern. Unter den fünfundzwanzig Porträts, die Amedeo von ihr machte, ist kein einziger Akt. Diese Zelebration des sinnlichen Körpers, dieses Fleischesfieber, das die Bilder seiner anderen Modelle verströmen, ermangelt den Werken, die Jeanne darstellen, völlig. Als Modell erscheint sie unförmig und vor allem gut verhüllt.

Nach kurzer Zeit erfuhren Jeannes Eltern von der Romanze und warfen das Mädchen aus dem Haus. Jeanne zog zu Amedeo in ein Studio in der Rue de la Grande Chaumière. Dieses Atelier wurde Amedeo vom Polen Zborowski zur Verfügung gestellt, dem einzigen Kunsthändler, der sich ernsthaft für Amedeo interessierte und sein Leben dafür gab, Käufer für die Bilder seines Schützlings zu finden. Tatsächlich leuchtete in jenem Jahr 1917, dank Zborowskis Bemühungen, ein kleiner Hoffnungsschimmer auf: Eine Galeristin aus Paris war bereit, eine Einzelausstellung zu organisieren. Doch die Ausstellung wurde am Tag der Eröffnung von der Polizei geschlossen, weil auf einem Bild Schamhaare zu sehen waren. Dieses Ereignis muß die Verzweiflung und die Paranoia des Künstlers verschlimmert haben.

Durch das gemeinsame Leben mit Jeanne änderten sich Amedeos Gewohnheiten nicht. Es bestanden kaum Gemeinsamkeiten. Amedeo aß außer Haus, kam und ging, malte manchmal sogar in Zborowskis Wohnung und nahm Jeanne weder mit zu seinen Freunden noch in die Cafés. Er soff weiterhin wie ein Loch und verhielt sich aus nächster Nähe wie eine unerwünschte Person. Oft ging er Zigaretten holen und tauchte erst drei Tage später auf den Schultern eines Freundes wieder auf.

Einmal wurde er im Jardin de Luxemburg gesehen, wie er völlig betrunken Jeanne an den Haaren hinter sich herzog. Er war ein gewalttätiger Mensch, zumal alkoholisiert.

Kein Wunder, daß Jeanne sich nach kurzer Zeit krank fühlte (sie hatte starke Kopfschmerzen: eine reine Metapher des Körpers) und sich bei ihrer Mutter erholte. Sie reisten zusammen in die Bretagne, und dort erfuhr Jeanne, daß sie schwanger war. Ihre besorgten Eltern trafen sich mit Amedeo: Angesichts der Umstände wünschten sie, daß er das Mädchen heiratete, obwohl er als armer Schlucker, Jude, Rüpel und gescheiterte Existenz in ihren Augen eine beklagenswerte Partie war. Amedeo erteilte ihnen eine Abfuhr: Er war krank und verzweifelt, ohne das Geld seiner Mutter kam er vor Hunger um. Da hatte Zborowski eine geniale Idee: Alle sollten nach Nizza gehen, wo Amedeos Tuberkulose sich bessern und er die Ruhe zum Malen finden würde. Der Plan hörte sich nicht schlecht an, doch er endete in einem Fiasko.

Im März 1918 unternahmen sie die Reise: Zborowski und seine Frau, die Künstlerinnen Soutine und Foujita, Amedeo, Jeanne und … Jeannes Mutter! Monatelang lebte Jeanne mit ihrer Mutter auf einem Bauernhof an der Côte d'Azur, während Amedeo auf einem anderen wohnte (und die Bäuerin schwängerte) oder in einem Bordell in Nizza. Amedeo und Jeannes Mutter stritten sich wegen des Mädchens in einem fort, wie Hunde, die sich die Beute streitig machten, während Jeanne bestürzt und schweigsam danebensaß und ihren schwangeren Bauch nährte.

Schließlich gab sich die Mutter geschlagen: Es war offensichtlich, daß Amedeo zur Zeit nicht heiraten würde. Er war zu sehr damit beschäftigt, sich aus allen Absteigen hinauswerfen zu lassen, in denen er sich wegen der Trinkgelage und Schlägereien, die er anzettelte, einmieten mußte. Zwei Wochen nach Ende des Ersten Weltkriegs brachte Jeanne ein Mädchen auf die Welt. Amedeo, der über seine kleinen Tochter begeistert war, ging zum Rathaus, um sie amtlich registrieren zu lassen, doch unterwegs vergaß er sich dermaßen beim Feiern, daß das Kind nie gemeldet wurde.

Die Verderbnis wuchs unaufhörlich weiter. So sehr sich Patrice Chaplin in ihrer Biografie auch bemüht, ich kann nicht glauben, daß Amedeo Jeanne geliebt hat. Er liebte wohl seine Tochter, auf seine Art, und empfand für Jeanne vielleicht ein tiefes Schuldgefühl und auch eine Zärtlichkeit aus Pflicht, die man für jemanden entwickelt, der einen über alles liebt und der vermutlich alles für einen gegeben hat. Doch Amedeo hat wohl auch die blinde und verzweifelte Wut dessen in sich getragen, der sich von der unerbittlichen Tyrannei des Schwachen gefangen weiß.

Und die Beziehung (und die Erniedrigung) ging weiter. Jeanne, die weiterhin von Amedeo getrennt lebte, erlitt eine Wochenbettdepression, hatte keine Milch, um das Mädchen zu stillen, und verfügte kaum über Geld, um eine Amme zu bezahlen. Zborowski gab ihnen, was er konnte, doch Amedeo gab alles für Trinken und Rauchen aus.

Im Mai 1919 floh Amedeo nach Paris. Er sagte, er ginge bloß für ein paar Tage, aber er kam nicht zurück. Hier lebte er mit Lunia, einer schönen Polin, zusammen; er trank weniger, malte und erholte sich etwas. Doch Jeanne konnte dies natürlich nicht zulassen. Ende Juni kam sie mit dem Töchterchen und einer für Amedeo bitteren Überraschung nach Paris: Sie war schon wieder schwanger. »Wir haben kein Glück«, bemerkte Amedeo.

Jener Sommer war die Hölle. Nun lebten sie wieder zusammen, und Amedeo konnte nicht mehr entkommen, nur durch den Tod. Es war so heiß, daß der Asphalt schmolz, und das Mädchen weinte den ganzen Tag. Jeanne war deprimiert, und Amedeo hatte seinen letzten Weg zur Zerstörung eingeschlagen: Er spuckte Blut, hatte alle Zähne verloren und endete jede Nacht wegen seiner streitsüchtigen Delirien und Schlägereien im Gefängnis. Die besorgten Freunde holten das Mädchen aus dieser entsetzlichen Umgebung und brachten es in ein Waisenhaus. Dann versuchten Lunia und Zborowski, auch Amedeo aus Paris wegzubringen. Zunächst war Amedeo einverstanden, doch als sie ihn abholen kamen, ging die schwangere und totenbleiche Jeanne mit ihm zusammen auf die Straße: Ohne sie dürfte er nirgendwohin gehen. So mißlang der letzte Fluchtversuch.

Amedeo traute sich nicht, Jeanne zu verlassen. Vielleicht aus Feigheit; oder vielleicht liebte er sie doch. Oder vielleicht einfach wegen des fatalen Mechanismus des Verderbens. Wenn sich einer in der Verletzung einrichtet, gibt es etwas, das ihn dazu treibt, den Schmerz zu vergrößern, genauso wie die Zunge ein ums andere Mal die kleine Wunde im Zahnfleisch heimsucht, bis sie zur offenen Wunde wird. Und so gingen Amedeo und Jeanne Schritt für Schritt in die Katastrophe. Möglicherweise hätte es jeder für sich geschafft, sich zu retten und glücklicher zu sein.

Die letzten Wochen lebten sie in dieser inneren Finsternis. Zur damaligen Zeit war Amedeos Verhalten so fürchterlich geworden, daß er mit den wenigen Freunden brach, die ihm noch geblieben waren, sogar mit Zborowski. Sie waren allein, allein in den Ruinen ihrer selbst.

Eines Nachts wurde Amedeo fiebernd und delirierend nach Hause gebracht. Jeanne steckte ihn ins Bett und setzte sich daneben, um ihn zu pflegen. Es war Januar 1920. Sie hatten keine Kohlen, kein Wasser (die schwangere Jeanne mußte zum Brunnen im Hof hinuntergehen, um welches zu holen) und verfügten kaum über Lebensmittel. Eine Woche lang waren sie von allen vergessen und im Studio eingeschlossen, zitterten vor Kälte, tranken Alkohol und aßen Sardinen aus der Dose. Amedeo rang mit dem Tode, und Jeanne zeichnete sich selbst, wie sie Selbstmord beging. Sie schrieb in ihr Tagebuch, daß ihr Amedeo in jenen Stunden schöne Liebeserklärungen und süße Worte ins Ohr flüsterte. Gewiß liebte er sie damals mit dem Einverständnis von Tieren, die gemeinschaftlich sterben, mit der Verzweiflung eines Todgeweihten. Zuletzt litt Amedeo an schrecklichen Schmerzen: Er hatte eine tuberkulöse Meningitis.

Am siebten Tag tauchte der Maler Ortiz de Zarate im Studio auf. Sofort ließ er Amedeo in das Charité-Krankenhaus einweisen. Die im neunten Monat schwangere und fast besinnungslose Jeanne wurde im Haus ihrer Eltern untergebracht. Ich möchte sagen, daß es wieder einmal die anderen waren, die für sie entschieden; Jeanne konnte Amedeo nicht mehr lebend wiedersehen. Der Maler starb drei Tage später unter großen Qualen. Es war der 24. Januar 1920, und er war fünfunddreißig Jahre alt.

Um vier Uhr am Morgen des 25. Januar stürzte sich Jeanne kurz vor Beginn der Wehen rückwärts aus dem

Haus ihrer Eltern auf die Straße. Es war der fünfte Stock, und sie war auf der Stelle tot. Ein Arbeiter fand die Leiche und brachte sie hinauf, doch Jeannes Bruder André weigerte sich, sie entgegenzunehmen, und sagte, er solle sie in Amedeos Studio bringen. Der Arbeiter legte den dickbäuchigen Leichnam auf einen Karren und brachte ihn zur Rue de la Grande Chaumière: Doch die Concierge ließ ihn nicht herein. Von dort karrte jener Arbeiter die arme und unerwünschte sterbliche Hülle durch das Viertel bis zur Polizeiwache. Die Polizei beendete die groteske Pilgerfahrt und erließ einen Befehl, der die Concierge des Studios verpflichtete, die Tote hereinzulassen. Dort wurde Jeannes Leiche abgeladen.

Amedeos Begräbnis war ein kolossales öffentliches Ereignis. Zur damaligen Zeit hatten Amedeos Werke bereits eine schwindelerregende und fulminante Aufwertung erfahren: Aus dem Nichts zum Ruhm, unter Einsatz des eigenen Lebens. Jeanne wurde in aller Stille auf einem Friedhof einer Vorstadt beigesetzt, doch neun Jahre später erreichte Amedeos Bruder, daß sie in dasselbe Grab verlegt wurde. Dort ruhen sie nun endlich auf dem berühmten Pariser Friedhof Père Lachaise, alle beide zusammen unter demselben Grabstein, als hätten sie sich ein Leben lang zärtlich geliebt.

Lucrecia Borgia & Rodrigo
und Cesare Borgia

Es ist Jahrhunderte her, daß sie starben, doch der Name der Borgias (des Papstes Alexander VI. und seiner Kinder Cesare und Lucrecia) schmeckt immer noch giftig. Sie personifizierten auf vollkommene Weise die Renaissance, jene monumentale, leuchtende und zugleich düstere Zeit, die den Übergang vom Feudalismus zur Moderne darstellte. Die Welt der Renaissance entdeckte die Vernunft und den Individualismus: Dies ist die Stunde von da Vinci, von Kopernikus und Galilei, von Erasmus und Kepler. Trotz bahnbrechender Errungenschaften wurde weiterhin systematisch gefoltert, Ketzer wurden öffentlich verbrannt, man glaubte an Hexen und Wunder, es wurde vergewaltigt, es wurde gelogen, und es wurde gemordet.

Cesare Borgia und Rodrigo Borgia vergewaltigten, logen und mordeten besonders gut. So gut, daß Machiavelli Cesare zum Vorbild für seinen berühmten *Fürsten* nahm. Sowohl der Vater als auch sein Sohn waren Männer voller Leidenschaft für Macht und Ruhm, und nicht weniger für die Frauen. Es ist gut möglich, daß beide die Liebhaber von Lucrecia waren, der Tochter

Lucrecia Borgia

Papst Alexander VI.

bzw. der Schwester. Dieser berühmte Dreiecksinzest ist eines der undurchdringlichen Geheimnisse in der Geschichte.

Die Sage der Borgias hatte einige Jahre zuvor begonnen, als der Spanier Alfonso de Borja, Erzbischof von Valencia, 1455 unter dem Namen Calixtus III. zum Papst gewählt wurde. Wie es scheint, war der Pontifex für damalige Verhältnisse nicht besonders dreist. Er war ein guter Jurist, und das einzige, was man ihm zur Last legen konnte, war die Vetternwirtschaft, dieses zutiefst spanische Laster. Während seines dreijährigen Mandats füllte sich Rom mit Verwandten, Freunden und Landsleuten von Borja, die fabelhafte Posten besetzten. Vor allem begünstigte er seinen Neffen Rodrigo, den er zum Vizekanzler ernannte, dem wichtigsten Posten nach dem Papst.

Dieser Rodrigo Borja, dessen Name bald zu Borgia italienisiert wurde, war 1431 in Jativa geboren worden. Er war siebzehn Jahre alt, als er dank des Einflusses seines Onkels Erzbischof von Valencia wurde, und fünfundzwanzig, als er das mächtige Vizekanzleramt erlangte. Von da an bis zu seiner Ernennung zum Pontifex sechsunddreißig Jahre später behielt der geschickte und manipulierende Spanier sein Amt unter mehreren Päpsten. Rodrigo war ein kräftiger Mann mit einer großen Nase, durchdringenden Augen und dicken Lippen. Ein imposantes, irgendwie animalisches Aussehen, das im Kontrast zu seiner hervorragenden Bildung und seiner Eleganz unwiderstehlich gewirkt haben muß. »Er zieht die Frauen an wie der Imam das Eisen.« Ihn einen Frauenheld zu nennen, ist weit untertrieben: Seine Amoralität hatte einen unvergänglichen Ruf, und die pikanten Berichte über seine Orgien gingen von Mund zu Mund, so daß Papst Pius II. ihn wegen eines besonders berüchtigten Gelages schriftlich ermahnen mußte.

Es wäre dennoch ein großer Fehler, Rodrigo als den Schlimmsten der Schlimmen anzusehen, ohne in Betracht zu ziehen, daß er in einer perversen und korrupten Gesellschaft lebte, in der Exzesse und Verbrechen an der Tagesordnung waren. Während sich im übrigen Europa langsam die großen modernen Staaten herausbildeten, war Italien in eine Handvoll kleiner Staaten und Republiken zersplittert: Mailand wurde von den Sforza regiert; die Herrschaft von Venedig mit ihren Adligen und ihrem Dogen; Florenz unter der Faust der Medici; Neapel, wo eine aragonesische Dynastie herrschte; und Rom, das Lehen des Papstes. Jeder haßte und fürchtete jeden, so daß alles Mögliche unternommen wurde, um die feindlichen Mächte zu stören und zu zersplittern: Man verbündete sich, man verriet sich, man betrog sich, man bekriegte sich, und man brachte sich gegenseitig um, vor allem mittels des nächtlichen Dolchstoßes und des Gifttrunks. »Das Gift gehörte zur Familie«, sagt Guillaume Apollinaire in seinem phantastischen Buch über die Borgias. Galeazzo Sforza, der Herrscher von Mailand, vergiftete seine Mutter; Kardinal Ippòlito d'Este, der Schwager von Lucrecia Borgia, stach seinem eigenen Bruder die Augen aus; Malatesta vergewaltigte seine Tochter und seinen Schwiegersohn. All diese Gewalttaten und Gemetzel blieben ungesühnt, oder sie wurden mit weiteren Morden beantwortet, mit den »Faihide« oder legalen Racheakten.

Damals war Rom viel kleiner als jede andere, Rom feindlich gesonnene Stadt: Es hatte ungefähr 80 000 Einwohner, einschließlich der 8000 Prostituierten (die eine jährliche Steuer von 20 000 Dukaten an den Papst zahlten). Rom war nicht mehr als ein schmutziges mittelalterliches Nest, das gerade mal ein Drittel des klassischen Roms einnahm, und das von der Pest und der Kriminalität heimgesucht wurde. Die gefährlichen römischen Nächte füllten sich mit Gesichtsmasken und wehenden Mänteln, mit Klagelauten und Blut. Alle, von den Gaunern bis hin zu den Fürsten, schienen sich in Rom der Kunst des Tötens zu widmen: »Jeden Tag findet man hier Leute ermordet, vier oder fünf jede Nacht, sogar Bischöfe«, vermerkte ein Chronist der damaligen Zeit.

Es ist nicht genau bekannt, wie viele Kinder Rodrigo Borgia (der sich später Ricardo nannte) hatte. Als er sich in Vanozza Catanei verliebte, hatte er bereits mindestens drei Sprößlinge, und mit der schönen Vanozza (die er zur Tarnung dreimal mit anderen Männern verheiratete) bekam er vier weitere Kinder: Juan, seine rechte Hand, dem der Titel Herzog von Gandía verliehen wurde, Cesare, den er für das geistliche Leben vorsah (mit nur sechs Jahren machte er ihn zum Domherrn der Kathedrale von Valencia, Rektor von Gandía und Erzdiakon von Jativa, alles Ämter mit ergiebigen Pfründen), die folgsame Lucrecia, die er dreimal aus politischen Interessen verheiratete, und den kleinen, gutmütigen und unbedeutenden Guidofredo. Cesare wollte kein Geistlicher werden, aber dennoch ernannte ihn sein Vater mit sechzehn Jahren zum Erzbischof von Pamplona und mit achtzehn Jahren zum Kardinal, der Gipfel an Nepotismus (von *nepoti*, Neffen, wie man die Kinder der Päpste und Kardinäle damals nannte).

Als Rodrigo 1492 unter dem Namen Alexander VI. zum Papst gewählt wurde, war der Valentiner einundsechzig Jahre alt, hatte seit drei Jahren die schöne achtzehnjährige Emilia Farnesio als Geliebte und war ein gefürchteter und mächtiger Mann. Er kaufte sein Pontifikat mit Pfründen, was üblich war. »Unmittelbar nach seiner Wahl teilte Alexander VI. seine Güter unter den Armen auf«, schrieb ein gehässiger zeitgenössischer Chronist und lieferte anschließend eine Liste mit allen Kardinälen, die von seinen »Geschenken« profitiert hatten. Diese ganzen Mißstände in der katholischen Kirche sollten kurze Zeit später zum Bruch von Luther und Calvin führen.

Über die Borgias existiert eine umfangreiche historische Dokumentation, und die meisten Dinge, die über sie gesagt werden, sind ungeheuerlich. Man muß zwar berücksichtigen, daß viele der zeitgenössischen Quellen von Feinden und mit bestimmten Interessen verfaßt wurden, so daß man ihnen nicht blind glauben darf. Dennoch ist es unbestritten, daß die Borgias jede Menge Verbrechen begangen haben. Alexander VI. zum Beispiel bat den türkischen Sultan gegen den christlichen König von Frankreich um Hilfe (und das mitten in der Zeit der Kreuzzüge), und jener antwortete, er würde ihm 300 000 Dukaten zahlen, wenn er seinen Bruder Djem ermordete, den der Papst als Geisel gefangenhielt (Djem starb kurze Zeit später, mutmaßlich von Cesare vergiftet). Rodrigo war ein korrupter Pontifex, der vatikanische Ämter verkaufte, um Geld für seine Kriege zusammenzubringen (1502 ernannte er neun Kardinäle für 20 000 Dukaten pro Kopf). Er forderte von Cesare, die Stadt Bracciano »ohne Rücksicht auf Frauen und Kinder« dem Erdboden gleichzumachen, und drohte, von Eifersucht verzehrt, seiner geliebten Emilia mit Exkommunikation, weil sie mit ihrem Ehemann verreist war. Er soll seine Feinde ermordet und reiche und alte Kardinäle vergiftet haben, um sich ihre Güter anzueignen.

Was Cesare betrifft, so halten es die meisten zeitgenössischen Quellen für gesichert, daß er es war, der seinen eigenen Bruder Juan, den Herzog von Gandía, aus beruflichem Neid und familiärer Eifersucht umbrachte. Zudem wird bewiesen, daß er Lucrecias zweiten Ehemann ermorden ließ, und darüber hinaus werden ihm viele weitere Morde angelastet, sowohl persönlich als auch durch die Hand von Michelotto, seinem bezahlten Henker. Stets verschlang der schmutzige und undurchdringliche Tiber die Leichen seiner Opfer.

Das berühmte Gift, das die Borgias benutzten, war die Cantarella, eine nur ihnen bekannte Mischung aus getrocknetem Urin, Kupfersalz und Arsen. Es heißt, daß dieser Gifttrunk den Papst selbst umbrachte. Wie ein Diener, der später hingerichtet wurde, gestand, hatte Alexander VI. ihm etwas Pulver gegeben, um es einem Kardinal, den er umbringen wollte, in den Wein zu schütten. Doch es kam zu einer Verwechslung, und Rodrigo und Cesare tranken ebenfalls vom vergifteten Wein. Cesare rang mit dem Tode, und sein Vater starb. Obwohl es auch gut möglich ist, daß er an Malaria, der »schlechten Luft« von Rom, starb, die eine entsetzliche Plage war.

Trotz ihres schlechten Rufs scheint Lucrecia keinen Mord auf dem Gewissen zu haben. Sie war im Grunde selbst ein Opfer, eine sanftmütige und folgsame Frau, die von zwei Besessenen gefangen war. Lucrecia hatte sehr helle, fast durchsichtige blaue Augen, einen dicken Mund und eine dicke Nase; ihr Gesicht ähnelte sehr dem ihres Vaters, wenn auch diese Züge, die einem Mann gut standen, ihr nicht zum Vorteil gereichten.

Doch sie war ein sinnliches Mädchen voller Leben, mit einem auffällig blonden Haarschopf und vielleicht einem beträchtlichen Sexappeal. Sie war gerade dreizehn Jahre alt, als ihr Vater sie mit einem Sforza verheiratete. Es ist bei den Gelagen des Vatikans und den möglichen Inzesthandlungen unwahrscheinlich, daß sie damals noch Jungfrau war. Bei ihrer Hochzeit soll die noch fast kindliche Lucrecia das Publikum belustigt haben, indem sie provokativ den Zwerg Mandrino, den Hofnarren ihres Ehemanns, auszog.

Kurze Zeit später wurden die Sforzas zu Feinden der Borgias, und Lucrecias Ehemann floh auf seine Besitztümer außerhalb Roms, nachdem er von ihr gewarnt worden war, daß Cesare plante, ihn zu töten. Rodrigo wollte die Ehe annullieren und verlangte von seinem Schwiegersohn, er solle erklären, daß die Ehe nicht vollzogen worden sei, was dieser empört verweigerte und den Papst des Inzests mit seiner Tochter beschuldigte. Doch schließlich, nach acht Monaten ständigen Drucks, gab Lucrecias Mann nach. Sie brachten Lucrecia vor das Gericht von La Rota, und die Prälaten erklärten sie zur unversehrten Jungfrau. Da der ehemalige Gatte gelobte, daß keine intimen Beziehungen stattgefunden hätten, war es nicht notwendig, Lucrecia medizinisch zu untersuchen. Die Annullierung mußte in ganz Rom einen riesigen Rummel erzeugt haben, denn als Lucrecia zur Jungfrau erklärt wurde, stellte sie einen schönen, in sechs Monaten gewachsenen dicken Bauch zur Schau.

Allein in Rom zurückgeblieben, war Lucrecia von irgend jemand schwanger geworden und gebar 1498 den sogenannten Infans Romanus, der 1502 vom Papst durch zwei Geheimbullen legalisiert wurde: In einer von beiden wurde er als Sohn Cesare Borgias und einer unverheirateten Frau anerkannt, und in der anderen als Sohn des Papstes selbst. Kurz vor der Geburt des Kindes ging das Gerücht, der Vater sei der Lieblingskammerdiener des Papstes, ein gewisser Perote, der alsbald mit auf dem Rücken gefesselten Händen tot im Tiber gefunden wurde, genauso wie Pentesilea, das treueste Kammermädchen Lucrecias (zwei weitere Morde, die Cesare begangen haben soll). Möglicherweise war das Kind von Cesare oder auch von Rodrigo, und die Dienerschaft mußte sterben, weil sie zuviel wußte. Lucrecia war damals siebzehn Jahre alt; sie stand in der Blüte ihrer Schönheit und fristete im Vatikan, in der Gewalt ihres Vaters und ihres Bruders, ihr Dasein. Genau in jenen Monaten, nachdem sie von ihrem Ehemann verlassen worden war, tat Lucrecia etwas Ungewöhnliches: Sie zog sich gegen den Willen des Vaters in ein Nonnenkloster zurück. In Wirklichkeit war Lucrecia aus dem Vatikan geflohen: Die päpstliche Polizei wollte sie eine Woche später abholen, und nur der Mut der Äbtissin, die sich weigerte, das Mädchen auszuliefern, rettete sie vor der Rückkehr nach Hause. Wovor war Lucrecia so verzweifelt geflüchtet? Ich stelle mir vor, wie sie in der erstickenden und wahnsinnig machenden inzestuösen Liebe, zwischen Ekstase und Tod, gefangen war. Lucrecia verbrachte sechs Monate im Kloster und verließ dieses nur, um vor dem Gericht von La Rota zu erscheinen.

Zwei Monate nach der Geburt des Jungen wird Lucrecia mit Alfonso von Bisceglie verheiratet, dem unehelichen Sohn des aragonesischen Königs von Neapel. Alfonso war siebzehn Jahre alt und galt als schönster Jüngling Italiens. Mit ihm lernte Lucrecia die erwachsene Liebe kennen und befreite sich vom emotionalen Kannibalismus ihrer Familie. Sie waren sehr verliebt und bekamen einen Sohn, den sie zu Ehren des Großvaters Rodrigo nannten. Es war eine kurze Zeit des Glücks, zwei Jahre dauerte es: bis Cesare seinen Schwager ermorden ließ. Aus politischen Gründen? Das ist möglich, aber vermutlich nicht die ganze Wahrheit. Erst die Eifersucht gibt dem Verbrechen einen glaubhaften Grund: Cesare konnte es wohl nicht ertragen, daß Lucrecia mit einem anderen so glücklich war.

Am 15. Juli 1500 wurde Alfonso von Dolchstichen durchbohrt und für tot gehalten. Doch er war jung und kräftig und gesundete nach und nach wieder in einem der Gemächer des Vatikans, Tag und Nacht bewacht von Lucrecia und Sancha, der Schwester des Verletzten, die ihm dort heimlich Essen zubereiteten, um zu verhindern, daß er vergiftet wurde. Einen Monat später betrat Michelotto, Cesares Auftragsmörder, unter dem Vorwand, einen Verwandten von Alfonso zu verhaften, die Gemächer des Genesenden. Sancha und Lucrecia stellten sich mutig dem Henker in den Weg. Michelotto sagte ihnen, sie sollten mit dem Papst sprechen, und versicherte, er würde sich dem unterwerfen, was der Papst entscheiden würde. Lucrecia und ihre Schwägerin eilten zu Rodrigo, um ihn um Gnade zu bitten: Doch kaum hatten die jungen Frauen die Gemächer verlassen, erdrosselte Michelotto den armen Alfonso.

Lucrecia versank in tiefem Schmerz, und der Pontifex, der sie nicht verstehen konnte, geriet wegen ihres Kummers in Wut (war auch er eifersüchtig?): »Die verständige und großzügige Donna Lucrecia genoß bis dahin die Gunst des Papstes, doch nun liebt er sie nicht mehr«, schrieb damals ein venezianischer Gesandter. Lucrecia weinte so sehr, daß ihr erlaubt wurde, Rom zu verlassen, und die junge Frau zog sich in ihr Schloß in

Nepi zurück, wo sie die Wände mit schwarzen Lei-
nentüchern bedeckte und streng Trauer trug. Dort kam
zwei Monate später Cesare sie besuchen: Sie konnte sich
nicht von der Vergangenheit befreien, es gab keinen
Weg für sie, der aufdringlichen, einnehmenden und
tödlichen Liebe der Familie zu entkommen. Lucrecia
empfing ihren gehaßliebten Bruder, den Mörder ihres
Ehemanns, servierte ihm und seinen Männern auf sil-
bernem Geschirr, während sie selbst und ihr Hof aus
Tongeschirr und im Trauerschmuck speisten. Der fünf-
undzwanzigjährige Cesare, der sehr attraktiv gewesen
war, hatte zu der Zeit ein von der Syphilis entstelltes Gesicht. Es muß ein schreckliches Mahl gewesen sein.

Sie verheirateten Lucrecia 1501 ein weiteres Mal, mit
Alfonso d'Este, dem zukünftigen Herzog von Ferrara.
Lucrecia war anscheinend sehr glücklich über die Hochzeit, was sich die Historiker nicht erklären können, denn
Ferrara war ein grausamer Hof, an dem die Brüder sich
damit beschäftigten, sich gegenseitig die Augen auszu-
stechen, und der spröde Alfonso hatte klar erkennen
lassen, daß er seine zukünftige Gattin nicht im geringsten schätzte (Rodrigo mußte die Ehe mit einer ordent-
lichen Mitgift erkaufen). Doch es ist offensichtlich, daß
Lucrecia dem Vatikan (und sich selbst) nur entkommen
konnte, wenn sie heiratete, und möglichst jemanden,
mit dem sie außerhalb Roms leben konnte.

An ihrem neuen Hof umgab sich Lucrecia mit Dichtern und Musikern. In den siebzehn Jahren, die sie in
Ferrara verbrachte, wurden ihr einige (vielleicht platonische, vielleicht erotische) Liebesgeschichten nachgesagt, doch im allgemeinen lebte sie ein ruhiges und
beschauliches Leben: Sie ging täglich zur Messe und
unternahm zahlreiche karitative Aktivitäten. 1519 starb

sie mit neununddreißig Jahren, nachdem sie ihr elftes Kind geboren hatte; seit zehn Jahren trug sie das Büßer- hemd. Obwohl die Entfernung zum Vatikan ihr zu hel- fen schien, ihr Leben aufzuheitern, konnte Lucrecia natürlich ihren Vater und ihren Bruder nie vergessen. So taufte sie zwei ihrer Söhne auf den Namen Alexander und setzte alles Mögliche in Bewegung, um Cesare zu helfen, als dieser in Ungnade fiel und von Ferdinand dem Katholischen gefangengenommen wurde.

Rodrigo starb 1503, Cesare 1507 in Spanien in einem einsamen und selbstmörderischen Kampf gegen zwan- zig Feinde. Lucrecia beweinte die beiden Männer ge- nauso wie ihren geliebten Alfonso von Bisceglie. Cesare hatte sie einige Male an ihrem neuen Hof besucht, aber ihren Vater hatte Lucrecia seit dem Tag, als sie Rom in Richtung Ferrara verlassen hatte, nicht mehr gesehen. Damals, als der Geleitzug sich entfernte, war Rodrigo von einem Fenster im Vatikan zum anderen geeilt, um sich von seiner Tochter zu verabschieden. Doch es wird erzählt, daß Lucrecia sich nicht einmal nach ihm umge- dreht hatte.

Kaiserin Elisabeth (Sissi)
& Kaiser Franz Joseph

Am 8. Juni 1867 wurde das Kaiserpaar von Österreich in Buda zu Königen von Ungarn gekrönt. Franz Joseph war sechsunddreißig Jahre alt; Elisabeth, die berühmte Sissi, neunundzwanzig. Die Zeremonie hatte einen irgendwie asiatischen Glanz; beim Krönungszug ritten Aristokraten und Erzbischöfe zu Pferde, in purpurfarbene Seide gehüllt und die Brust voll blendenden Schmucks. Die Panzerhemden waren aus Silber, wie auch das Geschirr der Reittiere; die Säbel waren mit Rubinen und Juwelen besetzt. Einige stolze magyarische Adlige trugen Leoparden- oder Bärenfelle auf ihren kostbaren Kleidern, Hüte mit Büffelhörnern und um den Hals Smaragde in der Größe von Taubeneiern. Beim Bankett gab es Torten mit einer Kaiserfigur aus Zucker; riesengroße Fische, die die Bediensteten auf Stangen trugen; Ochsen, die über dem Feuer knisterten; Zigeuner spielten fieberhaft auf ihren Geigen. Mit einem Wort, es war ein opulentes Fest, das einer tausendjährigen Welt entstammte, die danach strebte, ein weiteres Jahrtausend anzudauern.

Doch zweiundzwanzig Jahre später beging Rudolf,

Kaiser Franz Joseph

Kaiserin Elisabeth

der einzige Sohn des Kaiserpaars, der Erbprinz, Selbstmord; 1889 tötete ein halbverrückter Anarchist Sissi;
1914 wurde Erzherzog Franz-Ferdinand, der Neffe Franz
Josephs und Thronfolger, in Sarajewo erschossen; und
zuletzt starb 1916 der alte Kaiser, und Karl I., sein Nachfolger, konnte sich nicht länger als zwei Jahre an der
Macht halten. So ging also 1918, kaum ein halbes Jahrhundert nach dem Glanz und Pomp der Krönungsfeier
von Ungarn, die k. u. k. Monarchie, das Erbe des Heiligen Römischen Reiches Deutscher Nation, für immer zu
Ende, und mit ihr stürzte tosend die alte Ordnung zusammen.

Doch damals bei der Krönungsfeier in Buda schlossen die Aristokraten lieber die Augen vor der Zukunft;
zumindest taten dies die meisten. Denn einige von ihnen waren sich auf tragische Weise bewußt, daß sie ein
obsoletes Überbleibsel darstellten und daß ihre Jahre
gezählt waren. »Die republikanische Staatsform ist die
einzig rationelle; ich begreife immer die törichten Völker
nicht, daß sie uns noch dulden«, sagte Königin Elisabeth
von Rumänien, eine Zeitgenossin von Sissi und unter
dem Pseudonym Carmen Sylva Autorin mehrerer Bücher. Sissi selbst und ihr Sohn Rudolf dachten genauso;
und vielleicht spielte die bittere Gewißheit, fehl am Plat-
ze zu sein, beim Suizid des Erbprinzen in Mayerling
auch eine Rolle (abgesehen von Alkohol, Morphium,
Depressionen und Schulden).

Wir sprechen freilich von den allmächtigen und an-
tidemokratischen Monarchen des alten Regimes. Als
Franz Joseph mit achtzehn Jahren auf den Thron gelangte, wohin ihn seine übermächtige Mutter, Sophie
von Bayern, gebracht hatte, ließ er als erstes die gerade
verabschiedete Verfassung abschaffen und etliche Dut-

zend politischer Gegner hinrichten. All dies geschah 1848, als durch fast ganz Europa eine revolutionäre Bewegung ging und Karl Marx das *Manifest der Kommunistischen Partei* veröffentlichte, ein Datum, das zweifellos wenig günstig war, um als Kaiser eingesetzt zu werden. Dennoch glaubten Franz Joseph und seine erzreaktionäre Mutter, nachdem sie die Umstürzler mit harter Hand unterdrückt hatten, daß sie den ultrakonservativen Absolutismus wiedereinsetzen könnten. Zur damaligen Zeit war Österreich-Ungarn eine der führenden Weltmächte und nach Rußland der größte europäische Staat. Das Reich umfaßte Gebiete, die heute zu Italien, der Tschechischen Republik, der Slowakei, Ungarn, Polen, Rumänien, der Ukraine, Jugoslawien, Bosnien-Herzegowina und Kroatien gehören; und der Kaiser regierte dieses riesige Imperium ohne Verfassung und ohne Parlament.

Dies ist eine Geschichte von Macht und Dekadenz. Der Sissi-Mythos gründet vor allem auf diesem für immer verlorenen Prunk, auf Glanz und Gloria zusammenstürzender Paläste. In Sissis Leben gab es etliche Szenen wie aus dem Märchen: zum Beispiel ihre prunkvolle Hochzeit beim Schein von fünfzehntausend Kerzen. Oder jener erste Tanz im Kurort Ischl, als der Kaiser sie aufforderte und so zeigte, daß sie die Auserwählte seines Herzens war. Das war 1853; Franz Joseph war vierundzwanzig Jahre alt, blond, blauäugig und charmant, schlank und elegant in seiner enganliegenden Militäruniform. Er war auf Weisung seiner Mutter nach Ischl gekommen und sollte um die Hand seiner achtzehnjährigen Kusine Néné anhalten. Doch als er die schöne Elisabeth, Nénés kleine Schwester, sah, war er augenblicklich verliebt. Sie war es dann, die er zum

Tanz aufforderte, wie im Aschenputtel-Märchen; und sie heiratete er im darauffolgenden Jahr, nämlich 1854.

1853 war Sissi fünfzehn Jahre alt; sie war die Tochter von Sophies Schwester und des Herzogs Max in Bayern, einem gebildeten, liberalen und extravaganten Menschen. In der Familie gab es eine gewisse Disposition: In den harmlosen Fällen blieben die Dinge bei Skurrilitäten oder Schrullen; doch gelegentlich traten heftige Anfälle von Wahnsinn auf, wie zum Beispiel bei Sissis beiden Vettern König Ludwig II. von Bayern (dem berühmten Märchenkönig) und seinem Bruder Otto.

Auch Sissi dürfte von klein auf etwas sonderbar gewesen sein. »Sie neigt zu Besorgnis und Kummer«, schrieb ihre Lehrerin, als das Mädchen erst neun Jahre alt war. Sie war ein hypersensibles und besessenes Kind. Mit vierzehn Jahren verliebte sie sich in einen jungen Grafen, der bald starb; und dies trieb sie in eine krankhafte Depression. Als Franz Joseph sie zur Ehefrau erwählte, schien ihr Umfeld um die psychische Widerstandsfähigkeit des Mädchens besorgt. Mit gutem Grund, denn Sissi verbrachte die ganzen Hochzeitsfeierlichkeiten (die Paraden und die prunkvolle Messe im Kerzenschein) unter Tränen. Baron Kübeck, einer der Hochzeitsgäste, schrieb: »Auf der Estrade Jubel und hoffnungsvolle Freude. Hinter den Kulissen gibt es sehr, sehr dunkle Vorzeichen.« Zumindest schien die zukünftige Kaiserin auf beunruhigende Weise schüchtern und verzagt.

Nun kennen wir die kleine Kaiserin, wie sie im Laxenburger Palast mit ihrem Reifrock an allen Türen hängenblieb und an allen Ecken schluchzte. Die erste Zeit muß für sie sehr hart gewesen sein: Der Wiener Hof war pompös, streng, ultrakonservativ, hierarchisch und trocken, ganz anders als die formlose, spontane und liberale Umgebung, aus der Sissi stammte. Um den Respekt gegenüber dem Monarchen zu fördern, war Sophie der Meinung, Franz Joseph müsse von allen entfernt bleiben. Der folgsame Kaiser war in völliger Isolation erzogen worden, und dieselbe Isolation wurde nun Sissi auferlegt.

Zudem mischte Sophie sich in alles ein, vom gemeinsamen Leben des Paars bis hin zu Sissis Kindern: Nach zwei Jahren Ehe war Sissi bereits Mutter von zwei Töchtern, und diese kleinen Prinzessinnen wurden von Sophie, die sich um ihre Erziehung kümmerte, praktisch entführt. Zweifellos mißtraute sie der Fähigkeit von Sissi, die zu jung, zu instabil und zu unerfahren war (obwohl sie Gedichte schrieb und viel las, besaß sie keinerlei Allgemeinbildung), doch in jedem Fall handelte es sich um eine mißbräuchliche Einmischung. Sissi legte sich mit ihrer Schwiegermutter an und versuchte, gegen deren Macht anzukämpfen, doch sie hatte kein Glück. Als sie nach drei Jahren Ehe ihre beiden Kinder gegen Sophies Willen auf eine Reise nach Ungarn mitnahm, starb die ältere zweijährige Tochter an einer plötzlichen Krankheit. Dieses Unglück entmutigte Sissi gänzlich; von da an riß sie sich völlig von ihren Kindern los, von Gisela, dem anderen Mädchen, und Rudolf, der kurze Zeit später geboren werden sollte. Außer eines gelegentlichen Eingreifens, um Rudolf von einem zu harten Hauslehrer zu befreien, beachtete Elisabeth sie ihr ganzes Leben lang nicht mehr.

Leicht packt einen das Mitleid für die arme Sissi, die am Wiener Hof so einsam war und schlecht behandelt wurde; doch mit den Jahren entwickelte sie sich zu einer überaus narzißtischen und egozentrischen Frau. In

Wirklichkeit war sie krank. Nun richtet sich das Mitleid auf ihre Neigung, ihr eigenes Leben zur Hölle zu machen. Der Psychoanalytiker Bruno Bettelheim befindet, sie sei »hysterisch und magersüchtig gewesen«. Auch Brigitte Hamann erzählt in ihrer großartigen Biografie über die Kaiserin, daß Sissis Magersucht seit dem Zeitpunkt ihrer Hochzeit offensichtlich gewesen war. Sie aß fast nichts (nur ein paar Gläser Milch oder ein Eis oder sechs Apfelsinen pro Tag), brachte sich mit Leibesübungen um (sie ritt wie eine Besessene zehn Stunden am Stück, machte Gymnastik, wanderte fünfzig Kilometer im Marschschritt), unterwarf sich Schwitzkuren, um abzunehmen, und wenn sie es vermeiden konnte, setzte sie sich nicht hin … Sissi wog nie mehr als fünfzig Kilo, einmal sank ihr Gewicht auf dreiundvierzig Kilo. Dabei handelte es sich um eine relativ große Frau; Sissi überragte Franz Joseph um ein gutes Stück, wenn auch auf den offiziellen Bildern und Zeichnungen dafür gesorgt wurde, daß sie kleiner wirkte als er. Bei ihrem Tod maß Sissi einen Meter zweiundsiebzig. Sie hatte prächtiges und dichtes Haar, das bis zu den Knöcheln herabreichte und das Schönheitsmerkmal war, auf das sie am meisten stolz war.

Sissi schien unfähig zu sein, sich an die Stelle anderer zu versetzen, und ihr Leben bestand aus allerlei Widersprüchen. Zum Beispiel stand sie infolge einer liberalen Erziehung leidenschaftlich auf der Seite der ungarischen Nationalisten; doch sie wandte sich energisch gegen die italienischen Nationalisten, weil ihre Schwester Königin von Neapel war. Sie behauptete, Tiere zu lieben, und mochte sich mit Hunden und Vögeln umgeben; andererseits widmete sie sich eifrig der Fuchsjagd. Obwohl sie angeblich progressiv und neuen Ideen gegenüber aufgeschlossen war, schrieb sie 1869 Franz Joseph, der sich damals gerade auf einer Reise durch Ägypten befand, sie beneide den Sultan nicht um »seine Sammlung wilder Tiere; was ich aber gerne hätte, ist ein kleiner Neger. Vielleicht bringst Du mir als Überraschung einen mit. Zum Dank im voraus küsse ich Dich tausendmal.« Zu dieser Zeit war die Sklaverei in England seit 1807 und in den USA seit 1864 abgeschafft. Der Kaiser brachte ihr keinen Neger mit; doch schließlich erreichte Sissi, daß der Schah von Persien ihr einen schenkte. Er hieß Rustimo, war häßlich und ungestalt. Nach ein paar Jahren war sie seiner überdrüssig, und der arme Rustimo starb 1891 in einem Armenhaus.

In den ersten Jahren ihrer Ehe schien Sissi in Franz Joseph wirklich verliebt zu sein: Sie weinte fürchterlich, wenn sie sich voneinander trennen mußten, und sie schrieb ihm leidenschaftliche Briefe. Er liebte sie, wie wir wissen, abgöttisch. Er liebte sie sein ganzes Leben lang mit enormer Großzügigkeit und sorgte dafür, all ihren Launen entgegenzukommen. Was Franz Joseph in seinem Leben am besten zu tun verstand, war, seine Ehefrau zu lieben. Ansonsten war er ein mittelmäßiger Kaiser und ein völliger Reaktionär; er war spartanisch, arbeitsam und überaus pflichtbewußt, er hätte ein fabelhafter Bürokrat werden können. Doch er bestand darauf, militärischen Ruhm zu erlangen, und führte sein Land in eine Katastrophe.

Ihre intimen Beziehungen mußten wohl ziemlich bald geendet haben, unter anderem weil Sissi als Magersüchtige keine besonders sexualisierte Frau war. Es gilt als fast sicher, daß die Kaiserin keine andere Beziehung unterhielt, wenn sie auch ein paar Männer und vielleicht auch eine Frau liebte: Sie betrachtete gerne junge Schönheiten. Franz Joseph hatte sicher ein paar Geliebte. Die Schauspielerin Katharina Schratt hatte sogar das Einverständnis von Sissi, die sich in der Öffentlichkeit als Katharinas Freundin ausgab, damit Franz Joseph sie sehen konnte, ohne einen Skandal zu riskieren.

In diesen Jahren vollzog sich Schritt für Schritt der unerbittliche Niedergang der k. u. k. Monarchie. Die Hochzeit von Franz Joseph und Elisabeth hatte mitten im Krimkrieg stattgefunden, in dem sich Österreich mit Preußen gegen Rußland verbündete. 1859, nach knapp drei Jahren Ruhe, brach der Krieg gegen Sardinien und Frankreich aus, und Österreich erlitt die blutigen Niederlagen von Magenta und Solferino; diese letzte Schlacht war für den Arzt Henri Durant Anlaß, das Rote Kreuz zu gründen. Nach einem für Franz Joseph demütigenden Friedensabkommen begann der Konflikt um Schleswig-Holstein von 1864, in dem Österreich und Preußen gegen Dänemark kämpften; und nur zwei Jahre später brach der österreichisch-preußische Krieg aus, wobei Österreich eine monumentale Niederlage in Königgrätz erlitt. Diese Kapitulation bedeutete für Österreich den endgültigen Verlust all seiner Macht und seiner Zukunft. Und dann darf man noch die bewaffnete Besetzung der türkischen Provinzen von Bosnien und Herzegowina im Jahre 1878 und eine Unzahl von inneren Revolten, revolutionären Erhebungen und nationalistischen Kämpfen nicht vergessen. Die österreichischen Soldaten starben an den verschiedenen Fronten wie die Fliegen, und das Volk kam vor Hunger um, damit die Soldaten bezahlt werden konnten.

Inmitten all dieser Greuel und der Betrübnis war Sissi nur mit sich selbst beschäftigt: Von Selbstmitleid hingerissen weigerte sie sich, jegliche offizielle Verpflichtung einzugehen; sie ließ sich nicht beim Hof blicken, den sie haßte; sie ritt den ganzen Tag aus und nahm kaum etwas zu sich. Franz Joseph, der in mehrere Kriege gleichzeitig verwickelt war, beängstigten die Nachrichten, die er von seiner Frau erhielt: »Ich bitte Dich, mein Engel, wenn Du mich lieb hast, so gräme Dich nicht so sehr, schone Dich, zerstreue Dich recht viel … und erhalte mir Deine liebe kostbare Gesundheit. … Ich bitte Dich, um der Liebe willen, die Du mir geweiht hast, nimm Dich zusammen, zeige Dich manchmal in der Stadt, besuche Anstalten. Das wird die Leute in Wien aufrichten und den guten Geist erhalten, den ich so dringend brauche«, schrieb ihr der verzweifelte Kaiser nach der Niederlage von Solferino.

Außer sporadischen Besuchen in den Kriegslazaretten, Altenheimen und Irrenanstalten zeigte Sissi kaum Interesse an ihrem mißhandelten Volk; sie scherte sich nicht um Politik, bis sie Mitte der sechziger Jahre von der pro-ungarischen Obsession ergriffen wurde, die sicherlich stark von ihrer platonischen Liebe zum Grafen Andrássy, einem magyarischen Nationalisten, beeinflußt war. Es war das einzige Mal, daß sie ihren Gatten bedrängte und bestürmte, daß er den ungarischen Forderungen nachgab und das zweiköpfige Reich Österreich-Ungarn schuf, was eine große Ungerechtigkeit für die Slawen bedeutete, die mit großem Abstand die Mehrheit der Bevölkerung des Reichs bildeten.

Diese pro-ungarische Obsession, die 1867 in der prunkvollen Krönungsfeierlichkeit von Buda gipfelte, war bereits Teil von Sissis verzweifelter Identitätssuche. Plötzlich beschloß sie, Ungarin zu werden: Sie lernte die Sprache und redete und schrieb nur noch auf ungarisch. Zu dieser Zeit war sie in der Blüte ihrer Jahre.

Sissi war von ihrem Körper besessen und verbrachte den halben Tag mit Schönheitspflege: Allein das Kämmen ihres sehr langen Haares beanspruchte drei Stunden täglich; das Ankleiden weitere drei Stunden. Ganz zu schweigen von den unendlichen Gymnastikübungen, dem Fechtunterricht, den kalten und heißen Bädern, den langen Ausritten und den Massagen. Sie genügte sich selbst und brauchte es nicht, von der Welt betrachtet zu werden. Jegliche Störung betrachtete sie als Bosheit, als Beleidigung. Und hierin schloß sie auch ihre beiden ältesten Kinder mit ein. Während Franz Joseph es einrichtete, diese zwischen seinen Verpflichtungen zu treffen und sie in den Zirkus und zum Spazierengehen mitnahm, war Sissi nicht einmal bei Giselas Kommunion anwesend.

Doch 1868 bekam Sissi ihr viertes und letztes Kind, ein Mädchen namens Marie Valerie; und dieses Geschöpf liebte sie mit solcher Intensität, daß die Kleine am Hof als »die Einzige« bekannt war (»Mamas zu große Liebe lastet oft auf mir wie eine unabtragbare Schuld«, sollte Valerie Jahre später sagen). Mit diesem Mädchen konnte sich Sissi in die Persönlichkeit einer heißgeliebten Mutter hineinleben.

Ab dem Alter von fünfunddreißig Jahren und vor den ersten und fast unmerklichen Anzeichen des körperlichen Verfalls (damals war Sissis Schönheit legendär) begann die Kaiserin zunehmend den Blicken anderer auszuweichen. Sie wollte sich nicht mehr porträtieren lassen und pflegte einen dichten blauen Schleier, einen Sonnenschirm und einen ledernen Fächer zu tragen, mit denen sie sich das Gesicht bedeckte.

Von nun an verbrachte Sissi in Begleitung des englischen Hauptmanns Bay Middleton, in den sie zweifellos verliebt war, ihr Leben, indem sie von einer zur anderen Ecke Europas reiste, mitsamt ihrer Pferde und einem Gefolge von mehr als sechzig Personen.

Während über Österreich Konflikte und Elend hereinbrachen, und während ihr kleiner Ehemann (er unterschrieb seine Briefe an Sissi mit »Dein Kleiner« oder »Dein einsamer kleiner Ehemann«), sich in Wien abmühte, den Schiffbruch zu vermeiden, führte Sissi ein eitles und scheinbar unbeschwertes Leben. Nur einmal, als ihr geliebtes Ungarn furchtbare Überschwemmungen erlitt, unterbrach Sissi ihre Vergnügungsreisen, um für einige Tage ins Reich zurückzukehren: »Es ist das größte Opfer, das ich bringen kann, aber in diesem Fall ist es notwendig«, schrieb sie, von ihrem eigenen Großmut überwältigt.

Um das Jahr 1883 herum gab Sissi von einem auf den anderen Tag die verrückten Galoppritte auf: Bay Middleton heiratete, und mit fünfundvierzig Jahren hatte sie nicht mehr die Ausdauer für einen so harten Sport. Statt dessen unternahm sie ausgiebige Wanderungen. Mitte der achtziger Jahre baute sie sich einen Palast auf Korfu, lernte Griechisch, übersetzte Shakespeare und Schopenhauer ins Griechische und gab sich auf Reisen als Griechin aus (statt als Ungarin). Vor allem begann sie damals, sich schriftstellerisch zu betätigen. Sissi hatte schon immer Verse geschrieben, doch nun hielt sie sich für eine große Dichterin. In der Tat stellte sie 1890 zwei Bände mit ihren Werken zusammen, legte sie in eine Kassette und verfügte, daß das Kästchen im Jahre 1950 dem Präsidenten der Schweizerischen Eidgenossenschaft übergeben werden solle, was auch geschah, damit ihre Verse veröffentlicht würden; sie ordnete an, daß die Gewinne im Falle eines Erfolgs den Kindern der von

Österreich-Ungarn Verfolgten zugute kommen sollten. Sissis Verse waren stark von Heine, den sie verehrte, beeinflußt. Mitunter glaubte sie, Heine würde zu ihr sprechen oder käme gar, ihre Seele zu rauben.

In dem Maße, wie sie älter wurde (und die Magie ihrer Schönheit nachließ), nahmen Sissis Depressionen und Ängste zu. Selbstmitleidig sah sie sich selbst in der Rolle eines Opfers: »Es blieb mir nichts anderes übrig, als dieses Leben [als Einsiedler] zu wählen«, sagte sie zu einer ihrer Hofdamen: »In der großen Welt haben sie mich so verfolgt, mir Übles nachgeredet, mich verleumdet, so stark mich gekränkt und verletzt…« Oder in der Rolle einer Fee (der Fee Titania), als verkanntes Geschöpf: »Nicht soll Titania unter Menschen gehen / In diese Welt, wo niemand sie versteht / Wo hunderttausend Gaffer sie umstehen / Neugierig flüsternd: ›Seht, die Närrin, seht!‹«, heißt es in einem ihrer Gedichte.

1873 erschien in der Wiener Presse ein Artikel über sie mit der Überschrift: »Die seltsame Frau«. In ganz Europa wurden ihre Extravaganzen kolportiert, und nach dem Freitod ihres Sohns Rudolf (1889) hieß es sogar, sie sei verrückt geworden. Der Selbstmord von Rudolf, zu dem sie gerade wieder Kontakt aufgenommen hatte, muß sehr schmerzvoll gewesen sein und erhärtete tatsächlich den Verdacht, daß der Wahnsinn in der Familie läge. Von da an verschenkte sie ihren Schmuck, trug nur noch Schwarz und sprach oft davon, sich umbringen zu wollen.

Sie begann sich für Schiffe zu interessieren, ließ sich einen Anker auf die Schulter tätowieren und verbrachte ganze Tage auf einem Schiff: »Ich will zu Schiff die Meere durchkreuzen, ein weiblicher ›Fliegender Holländer‹, bis ich einmal versunken und verschwunden sein werde.« Sie gab Anweisung, daß das Schiff auch bei widrigsten Wetterbedingungen in See stechen sollte, und einmal ließ sie sich bei einem Sturm auf dem Deck fesseln. Vielleicht wollte sie im wahrsten Sinne Schiffbruch erleiden und einen epischen Tod finden; das Schicksal der Besatzung war nebensächlich. Sissi neigte dazu, den Nächsten als reinen Statisten in der Tragödie ihres eigenen Lebens zu betrachten.

Sie starb tatsächlich auf einem Schiff, allerdings nicht auf rauher See. Es geschah am 10. September 1898 in Genf. Sissi wollte, in Begleitung einer einzigen Hofdame, mit dem Dampfer von Genf nach Montreux fahren. Auf dem Anleger stach ihr Luigi Lucheni, ein, wie er sich nannte, »unabhängiger Anarchist«, mit einem Stilett in die Brust. Sissi fiel zu Boden, merkte jedoch nicht, daß sie verletzt war. Sie stand noch einmal auf, ging hundert Meter bis zur Mole und betrat das Schiff, das gerade ablegte. Als sie auf dem Deck war, fiel sie in Ohnmacht: Das Stilett hatte ihr Herz durchbohrt, wenn auch die Wunde so klein war, daß sie kaum blutete. Sissi merkte nicht einmal, daß sie starb. Es war ein süßer, aber auch symbolischer Tod, von der Hand eines pathetischen Anarchisten und auf einem bescheidenen Linienschiff eines ruhigen Sees: Sissis Leben *schien* vor allem grandios.

Und am Ende das Glück

Aus der Nähe betrachtet lehren die meisten Liebesge-schichten das Fürchten: Dies ist wenigstens der Ein-druck, den ich erhielt, nachdem ich mehrere Monate mit dem Studium des verborgenen Lebens zahlreicher Paare verbracht hatte. Da die Leidenschaft eine Illusion ist, ist es logisch, daß uns die Beziehungen der anderen stärker, schöner und besser als die eigenen Liebschaften erscheinen; denn von letzteren kennen wir die Härte der Wirklichkeit, während die fremden Leidenschaften den Schwindel wahren. Doch sobald wir das Mikro-skop anlegen, dann taucht, wie in einem Wassertropfen, ein Gewirr von Ungeheuern auf.

Und so gibt es unter den Leidenschaften, die in die-sem Buch versammelt sind, ein paar besonders er-schreckende: wie die von Amedeo Modigliani und Jeanne Hébuterne oder die von Arthur Rimbaud und Paul Verlaine. Und andere besonders absurde: wie die von Mariano José de Larra und Dolores Armijo.

Wie dem auch sei, in jeder Liebesgeschichte, selbst in der gelungensten und glücklichsten, gibt es immer einen Anteil von Traurigkeit, die bittere Vorahnung des

Verlusts: Denn wir wissen alle, daß dieser Reichtum eines Tages enden wird. Vielleicht erscheint das Leben nie so vergänglich wie in der Melancholie einer zu Ende gehenden Liebe. Mir fällt an dieser Stelle eine in besonderer Weise dem Untergang geweihte Liebe ein: die von Lope de Vega zu Marta de Nevares. Der Frauenheld, Lebemann und schon reife Lope wurde 1614 nach dem Tod seiner rechtmäßigen Ehefrau und eines Sohns Priester; doch seine Ordination hinderte ihn nicht daran, weiterhin sehr sinnliche Leidenschaften zu durchleben. 1617 verliebte er sich unsterblich in Marta de Nevares: Er war vierundfünfzig Jahre alt, sie war sechsundzwanzig. Die schöne Marta hatte eindrucksvolle grüne Augen; sie war gebildet, intelligent, verstand etwas von Musik, schrieb Gedichte und war mit einem gewissen Roque Hernández verheiratet. Marta war eine aufrechte Frau, aber sie verlor wegen Lope den Kopf und gab ihm ihr Leben hin. »Bis jetzt lieben wir uns auf die grobe Art«, schreibt Lope an den Herzog von Sessa, »denn die Frauen sagen, daß es in den Händen des Grobians am besten ist.« Und weiter: »Amarilis [Marta] ist stolz auf ihre Beine, und sie hat allen Grund dazu, denn sie hat so schöne, mit zwei für meinen Geschmack hervorragenden Dingern, wenig Fleisch und wohlgeformt.« In der Wonne der Haut ist der Körper ein Festmahl.

Aus der Liebe der beiden wurde ein Mädchen geboren, das Roque, Martas Ehemann, als sein eigenes Kind ansah; bald aber durchschaute er die Situation und verließ seine Frau. Ab 1621 lebten Marta und Lope mit der gemeinsamen Tochter glücklich zusammen. Doch sechs Jahre später erloschen die schönen grünen Augen von Marta allmählich: Sie erblindete und litt außerdem unter sonderbaren Wahnvorstellungen und Delirien. Nachdem Lope das Paradies kennengelernt hatte, stieg er in die Hölle hinab: »Augen, wenn ich durch euch das Licht des Himmels sah / was werd' ich nun ohn' euren Blick gewahr / oh, wie kann die Seele Trost gestatten / wenn die Gewalt des Schmerzes widersteht?« Marta starb schließlich 1632 mit zweiundvierzig Jahren, blind und geistig umnachtet. Für Lope, der siebzig war, war das Leben zu Ende: »Erlaube mir nur ein' Moment zu schweigen / denn keine Trän' mehr ist in meinen Augen / auch keine Liebe in mein' Gedanken« [eigene Übersetzung, A. L.].

Angesichts des vergänglichen Wesens der Liebe verwundert die Beharrlichkeit und die Loyalität, mit der bis zur letzten Konsequenz geliebt wird, um so mehr. Wie Clara Petacci, die Freundin Benito Mussolinis. »Bist du glücklich, daß ich dir bis zum Ende gefolgt bin?« fragte sie ihn Sekunden, bevor sie mit ihm zusammen von den Maschinengewehrsalven italienischer Widerstandskämpfer niedergeschossen wurde.

Der despotische und übermächtige Duce lernte die schöne Claretta 1932 kennen, als er neunundvierzig Jahre alt und sie eine sehr junge Faschistin von kaum zwanzig Jahren war, die den Führer bewunderte wie ein Fan sein Rockidol. Benito Mussolini war verheiratet, und obwohl er von 1936 bis 1945 offen mit Clara zusammenlebte, verließ er nie seine Ehefrau. Zudem scheint es, daß er am Ende der heftigen und eifersüchtigen Leidenschaft des Mädchens überdrüssig wurde. In seinen letzten Tagen im Jahre 1945, als er im Chaos der Niederlage versuchte, aus Italien zu fliehen, schrieb er seiner Gattin Rachel einen Abschiedsbrief, in dem er ihr sagte: »Du sollst wissen, daß Du trotz allem die einzige Frau bist, die ich wirklich geliebt habe.« Doch nicht Rachel, sondern die arme Claretta hat, als deutscher Soldat verkleidet, das halbe Land durchquert, um sich mit ihm im Unglück zu vereinen. Es gibt sehr viele ungleiche Liebschaften; oder vielleicht müßte man sogar sagen, daß sie immer ungleich sind, daß es in jeder Leidenschaft einen gibt, der stärker liebt. Doch in diesem Fall erhielt die Geliebte eine gewisse Belohnung für ihre absolute Treue: Wer erinnert sich heute an die Ehefrau? Es ist Clara Petacci, die zusammen mit Benito Mussolini in die Geschichte einging.

Wenn das Ungleichgewicht zwischen den Liebenden besonders groß ist, kann die Leidenschaft pathologisch werden. Jede Leidenschaft ist eine Entäußerung, eine obsessive Hingabe des eigenen Lebens an den Geliebten. Doch manchmal überschreitet diese Hingabe alle Grenzen und wird krankhaft. Oder es ist umgekehrt: Vielleicht gibt es Menschen, die eine gewisse Disposition dafür haben, ihre Unbeständigkeit durch Leidenschaft zu kanalisieren. Und so ist Lieben für sie ein Rausch, ein Wahnzustand, der sich nicht wesentlich davon unterscheidet, Stimmen zu hören, sich für Napoleon zu halten oder sich verfolgt zu fühlen.

Dies scheint zum Beispiel bei Delfina Molina, einer argentinischen Dichterin, der Fall zu sein, die sich in den Kopf setzte, Miguel Unamuno ernsthaft und stürmisch zu lieben, und zwar gegen seinen Willen und sogar ohne sein Beisein. Delfina Molina war eine gebildete und sensible Frau; sie war Dozentin für Physik und Chemie, veröffentlichte mehrere Bücher und besaß eine umfangreiche Briefprosa, aber sie litt unter einem tragischen emotionalen Ungleichgewicht. 1907 begann sie Miguel Unamuno, den sie nicht persönlich kannte, zu schreiben, als der spanische Professor dreiundvierzig Jahre alt und sie achtundzwanzig, verheiratet und Mutter dreier Kinder war. Miguel hörte 1914 auf, ihr zu antworten, als sie ihm ihre glühende Liebe erklärte, doch auch danach schrieb Delfina ihm weitere zweiundzwanzig Jahre lang, nämlich bis zu seinem Tod: insgesamt einhundertundsechzig Briefe, leidenschaftliche Texte voller Liebeswahn.

Weitaus häufiger als diese einseitige Obsession ist das genaue Gegenteil, der Donjuanismus. Es gibt unendlich viele Männer und Frauen, die in die Liebe verliebt sind und ein ums andere Mal die gleiche Leidenschaft an verschiedenen Personen wiederholen. Wobei sie bei jeder Gelegenheit das geliebte Objekt wechseln, aber nicht das Gefühl, das immer absolut und unschuldig ist, da die Leidenschaft nie vernünftig wird und nie dazulernt. So zum Beispiel im Leben von Edith Piaf, um einen denkwürdigen Fall zu nennen. Die ergreifende französische Sängerin, die alkoholsüchtig, morphiumabhängig und unbeschreiblich zerbrechlich war, liebte jedesmal wie jemand, der zum letzten Mal liebt: Charles Aznavour, Yves Montand, Georges Moustaki sind ihre berühmtesten Liebhaber. Mit siebenundvierzig Jahren, sonderbar und welk und dem Tod geweiht (sie sollte nur noch einige Monate leben), setzte sie noch einmal auf einen Mann und heiratete Theo Sarapo, der zwanzig Jahre jünger war als sie.

Ich möchte dieses Buch mit zwei besonders schönen Liebesgeschichten beenden, einer traurigen und einer außerordentlich glücklichen. Im 17. Jahrhundert wurde in Spanien gegen Don Juan Agustín de la Barrera, einen Priester aus Carmona, ein Disziplinarverfahren eröffnet, weil er nicht weniger als achtzehn Jahre lang einer Nonne namens Doña Catalina de Párraga nachgestellt hatte. Laut Protokoll hatte Catalinas Familie sie auf Lebenszeit ins Kloster verbannt, nur weil sie Juan heiraten wollte. Das war damals eine weit verbreitete Brutalität: Wenn ein Mädchen so widerspenstig war, daß sie sich nicht davon abbringen ließ, einen Freier aus niederem Stand zu lieben, dann wurde das Problem gelöst, indem man sie zur Nonne machte. Juan liebte seine Schöne so sehr, daß er, als sie im Kloster eingeschlossen wurde, ebenfalls auf die Welt verzichtete und Priester wurde. Doch er fügte sich nicht seinem Schicksal, die Geliebte zu verlieren.

Anfangs sahen sich Catalina und Juan durch die Gitter des Chors, am Drehfenster und im Sprechzimmer, doch ihre Worte waren so voller Leidenschaft, daß Catalina der Zugang zu diesen Örtlichkeiten verboten wurde. Danach begannen sie, zur Stunde der Siesta »durch einige Fenster des hohen Schlafsaals« miteinander zu sprechen, »und oftmals war die Obengenannte am Fenster und er auf dem Turm der nahegelegenen Hauptkirche ... und sie machten Gesten, an denen Laienbrüder und Nonnen Anstoß nahmen«. Die Nonnen schlossen die Tür zum Schlafsaal ab, um zu verhindern, daß Catalina hineingelangte, doch daraufhin bohrten die beiden Liebenden ein Loch in eine Wand, die auf eine Gasse führte, und verständigten sich »zur Unzeit in der Nacht« durch die Öffnung. Nachdem die Nonnen das Loch entdeckt hatten, mauerten sie es zu; woraufhin Catalina sich morgens von einem hohen Fenster in einen Innenhof hinabließ, und dort sprach sie durch eine Röhre mit ihrem Geliebten. Auch dieses Fenster wurde vergittert und die Röhre verstopft. Die Nonnen, die eine neue Finte fürchteten, denunzierten den Priester, der disziplinarisch verfolgt und schließlich aus der Stadt verbannt wurde, womit diese leidvolle Geschichte ein Ende fand. Vielleicht, wer weiß, lebten Catalina und Juan trotz all des Schmerzes und der Ungerechtigkeit eine vollkommene und stets unversehrte Liebe, da sie frei von dem grausamen Einfluß der Alltäglichkeit war.

Eine der faszinierendsten Geschichten schrieben die Marquise Emilie Du Châtelet, eine französische Philosophin und Schriftstellerin, und Voltaire. Fünfzehn Jahre lang war sie seine Geliebte. Als Tochter eines Barons ging Emilie im Alter von neunzehn Jahren mit dem Marquis Du Châtelet eine Zweckhochzeit ein, wie es damals üblich war. Sie war ein Wunderkind mit einem überwältigenden mathematischen Verstand und studierte Griechisch, Latein, Geometrie und Physik. Emilie war groß und schlank, mit grünen Augen und liebte Flitterkram und hübsche Kleider; sie muß wohl sehr attraktiv gewesen sein. Sie war eine ungeheuer leidenschaftliche Frau, ein wahres Feuer in Person; sie war von ihrem Studium begeistert, dem sie jeden Tag unendliche Stunden widmete, doch gleichzeitig hatte sie ein Herz, das voll Sehnsucht und leicht zu entzünden war.

Nach zwei oder drei Jahren Ehe begann jeder sein eigenes Leben zu leben: eine einvernehmliche Abmachung des Paars ganz im Stile des 18. Jahrhunderts. Emilie verliebte sich heillos in einen schönen Herzog und versuchte sich mit einer Überdosis Opium umzubringen: Sie war eine Frau, die mit hohem Einsatz spielte. Nachdem sie sich von diesem Schmerz erholt hatte, lernte sie mit achtundzwanzig Jahren Voltaire kennen, der damals bereits ein berühmter Schriftsteller war. Voltaire war achtunddreißig Jahre alt und ein spindeldürrer Typ mit funkelnden Augen und spöttischer Mimik, ein streitbarer Freidenker und Kämpfer gegen Ungerechtigkeit und Unterdrückung. Er hatte Potenzprobleme (was er selbst zugab), doch aufgrund seiner Intelligenz war er ein hinreißender Mann. Emilie, die unter der Verachtung, die gescheite Frauen in der damaligen Zeit ertragen mußten (Ludwig XV. nannte sie abfällig ein »Mannweib«), litt, stieß bei Voltaire auf hohen Respekt.

Zehn Jahre lang lebten sie im Schloß von Cirey zusammen, das Emilie gehörte, studierten, arbeiteten, schrieben Seite an Seite ihre jeweiligen Werke (die Marquise war Übersetzerin und Verbreiterin von Isaac Newton in Europa). Diese Jahre von Cirey waren ein Geschenk des Lebens.

Danach ging es bergab, wie es immer eines Tages bergab geht. Voltaire hörte nicht auf, sie gern zu haben, wohl aber sie zu lieben, und seine sexuellen Probleme nahmen zu. Emilie mußte über mehrere Jahre hinweg seine zunehmende Abkühlung hinnehmen. Als sie es geschafft hatte, das Ende der Leidenschaft zu verdauen, schrieb Emilie ihr grundlegendes Werk, die *Rede vom Glück*, einen schönen und klugen Text über Liebe und Lieblosigkeit und über die Notwendigkeit, heiter zu bleiben und auf sich selbst zu vertrauen, um glücklich zu sein. Es ist nicht genau bekannt, wann Emilie ihre *Rede* geschrieben hat (vielleicht 1747), doch kurze Zeit, nachdem sie all diese Vernunft und diese Gelassenheit bewiesen hatte, warf Emilie alles über Bord und verliebte sich rettungslos in einen gewissen Saint-Lambert, einen zwanzigjährigen, schönen, aber mittelmäßigen Dichter. Für Emilie, die damals einundvierzig Jahre alt war, begann alles von vorne: Liebeswahn, Schwäche und Gefühlsausbruch. Und so verhielt sich die an sich hellsichtige Emilie wie eine Närrin. Wer verliebt ist, bietet in der Leidenschaft dem geliebten Menschen immer seine Intelligenz zum Opfer dar. Doch diese Phase dauerte nicht lange: Emilie, die von Saint-Lambert schwanger wurde, gebar im September 1749 ein Kind und starb sechs Tage später am Kindbettfieber. Sie war zweiundvierzig Jahre alt. Zu ihrer Beerdigung kamen, im Schmerz vereint, der untröstliche Voltaire, der nichtssagende Saint-Lambert und der redliche Ehemann der Marquise.

Nichts wäre besser, um dieses Buch zu beschließen, als die *Rede vom Glück* von Madame Du Châtelet, der ergreifendste der zahlreichen Diskurse über das Glück, die im 18. Jahrhundert geschrieben worden sind, als sich der moderne Individualismus durchsetzte und mit ihm das persönliche Streben danach, glücklich zu sein. »Ich kann nicht glauben, daß ich geboren bin, um unglücklich zu sein«, heißt es darin. Nein, aber leidenschaftlich zu lieben, setzt die Bereitschaft dazu voraus. Wer glücklich sein will, muß das Unglück riskieren.

BIBLIOGRAFIE

Einleitung

Finkielkraut, Alain: *Die neue Liebesunordnung*, Reinbek
bei Hamburg 1989

Homer: *Ilias*, Frankfurt/Main 1997

Huizinga, Johan: *Herbst des Mittelalters*, Stuttgart
1987

Kafka, Franz: *Briefe an Felice*, Frankfurt/Main
1988

Plutarch: *Griechische und römische Heldenleben*, Wiesbaden
1996

Rougemont, Denis de: *Die Liebe und das Abendland*, Zürich
1987

Troyes, Chrétien de: *Lancelot*, München 1974

Prinz Edward & Wallis Simpson

Romanones, Aline: *Die Spionin trug Rot*, Bergisch Gladbach
1990

Lew & Sofja Tolstoi

Tolstoi, Leo: *Briefe, 2 Bde.*, Berlin 1971

Johanna die Wahnsinnige & Philipp der Schöne

Prawdin, Michael: *Donna Juana, Königin von Kastilien*,
Düsseldorf 1953

Oscar Wilde & Lord Douglas

Ellman, Richard: *Oscar Wilde*, München 1991

Wilde, Oscar: *De profundis*, Frankfurt/Main 1984

Wilde, Oscar: *Die Ballade vom Zuchthaus zu Reading*, Leipzig
1970

Liz Taylor & Richard Burton
Spoto, Donald: *Elizabeth Taylor*, Berlin 1998

Evita & Juan Perón
Barnes, John: *Evita Peron. Macht und Mythos*, München 1996
Perón, Eva: *Mein Vermächtnis Evita*, Bergisch Gladbach 1997

Robert Louis Stevenson & Fanny Vandegrift
Lapierre, Alexandra: *Die Vagabundin. Fanny Stevenson und die »Schatzinsel«*, Hamburg 1994

Arthur Rimbaud & Paul Verlaine
Rimbaud, Arthur: *Sämtliche Werke*, Frankfurt/Main 1995
Rimbaud, Arthur: *Une saison en enfer/Eine Zeit in der Hölle*, Stuttgart 1992
Starkie, Enid: *Das Leben des Arthur Rimbaud*, München 1990
Verlaine, Paul: *Poetische Werke: französisch und deutsch*, Frankfurt/Main 1994

Kleopatra & Antonius
Plutarch: *Griechische und römische Heldenleben*, Wiesbaden 1996

Dashiell Hammett & Lillian Hellman
Hellman, Lillian: *Eine unfertige Frau. Ein Leben zwischen Dramen*, Frankfurt/Main 1987
Johnson, Diane: *Dashiell Hammett. Eine Biographie*, Zürich 1985

Hernán Cortez & Doña Marina
Diaz del Castillo, Bernal: *Geschichte der Eroberung Mexikos*, Frankfurt/Main 1992

Bibliografie

Königin Viktoria & Prinz Albert
Strachey, Lytton: *Queen Viktoria*, Frankfurt/Main 1991

John Lennon & Yoko Ono
Goldman, Albert: *John Lennon. Ein Leben*, Reinbek bei
    Hamburg 1989

Lewis Carroll & Alice Liddell
Carroll, Lewis: *Der Pfarrhausschirm*, Siegen 1982
Carroll, Lewis: *Alice im Wunderland*, Leipzig 1869

Amedeo Modigliani & Jeanne Hébuterne
Chaplin, Patrice: *Modiglianis letzte Geliebte*, Reinbek bei
    Hamburg 1992

Kaiserin Elisabeth (Sissi) & Kaiser Franz Joseph
Hamann, Brigitte: *Elisabeth. Kaiserin wider Willen*, Wien
    1982
Conte Corti, Egon Caesar: *Elisabeth*, Graz o. J.

Epilog
Du Châtelet, Gabrielle Emilie Le Tonnelier de Breteuil:
    Rede vom Glück, Berlin 1999

»›La Cucina Siciliana‹ macht Spaß!« Brigitte

»... eine leidenschaftliche Hymne – nicht nur an die Kochkunst. Ein Roman für Genießer.« ZDF

Lily Prior, La Cucina Siciliana oder Rosas Erwachen
Roman der Begierden
254 Seiten, € 17,90 (D) / sFr 30,50 / ISBN 3-203-81046-8

EUROPA
VERLAG

www.europaverlag.de

DIANA

Das anspruchsvolle Programm

Renate Feyl

62/98

»Die Erfolgsautorin Renate Feyl … gilt als anspruchsvolle, quellentreue Verfasserin von Roman-Biografien.«

Der Spiegel

»… als unterhaltsame, informative und kluge Lektüre empfohlen.«

NEUE ZÜRCHER ZEITUNG

DIANA-TASCHENBÜCHER

Das anspruchsvolle Programm

Nancy Mitford

»Nancy Mitfords Romane von Liebe und Heirat sind herrlich unterhaltend.«

Süddeutsche Zeitung

62/87

Englische Liebschaften
62/87

Liebe unter kaltem Himmel
62/205

DIANA-TASCHENBÜCHER